NEW 우리들의 별별 캐릭터 보물섬

패션·장난감·페이퍼·홈파티·캐릭터 디자이너 되기

초판 발행일 | 2023년 3월 1일
지은이 | 창의콘텐츠연구소
펴낸이 | 최용섭
총편집인 | 이준우
기획진행 | 최윤희
편집진행 | 이준석, 김미경
캐릭터 디자인 | 김영리

㈜해람북스
주소 | 서울시 용산구 한남대로 11길 12, 6층
문의전화 | 02-6337-5419 팩스 02-6337-5429
홈페이지 | https://class.edupartner.co.kr

발행처 | ㈜미래엔에듀파트너 **출판등록번호** | 제2020-000101호

ISBN 979-11-6571-181-8 13000

이 책은 저작권법에 따라 보호받는 저작물이므로 무단전재와 무단복제를 금지하며,
이 책 내용의 전부 또는 일부를 이용하려면 반드시 저작권자와 ㈜미래엔에듀파트너의 서면동의를 받아야 합니다.

※ 잘못된 책은 바꾸어 드립니다.
※ 책 가격은 뒷면에 있습니다.

차 례

CONTENTS

★ 별별 캐릭터 소개
★ 별별 캐릭터 보물섬 프로그램 이해하기

Making 01 패션 킹

01. 나만의 지갑 만들기 • 014
1. 지갑 틀 불러오기
2. 지갑 틀에 그림 삽입하기
3. 지갑 만들기

02. 귀여운 핸드폰 케이스 꾸미기 • 019
1. 이미지 추가하기
2. 이미지 크기 조절하기
3. 핸드폰 케이스 꾸미기

킹 미션 01_브로치 만들기 • 026

03. 스타일리시한 목걸이 만들기 • 029
1. 도형으로 펜던트 만들기
2. 도형 순서 변경하기
3. 펜던트 꾸미기
4. 목걸이 만들기

04. 나를 알리는 이름표 만들기 • 036
1. 이미지로 이름표 틀 만들기
2. 도형으로 이름표 꾸미기
3. 글자 꾸미기로 이름 입력하기
4. 이름표 사용하기

킹 미션 02_명함 만들기 • 044

Making 02 토이 랜드

05. 굿즈 스티커 만들기 • 050
1. 텍스트로 그룹 나누기
2. 스티커 이미지 추가하기
3. 스티커 사용하기

06. 나의 분신 아바타 만들기 • 059
1. 나만의 아바타 만들기
2. 아바타 굿즈 만들기

랜드 미션 01_굿즈 디자인하기 • 066

07. 재미있는 같은 카드 찾기 • 070
1. 도형으로 카드 틀 만들기
2. 이미지로 카드 꾸미기
3. 카드 만들고 게임하기

08. 즐거운 시장놀이 세트 만들기 • 077
1. 가상 화폐 틀 만들고 꾸미기
2. 글상자로 화폐 단위 입력하기
3. 판매 상품 만들기
4. 시장놀이 해보기

랜드 미션 02_숫자 카드 만들기 • 086

Making 03 해피 페이퍼

09. 우정 쿠폰 만들기 • 092
1. 도형으로 쿠폰 틀 만들기
2. 글자 꾸미기로 쿠폰 내용 적기
3. 쿠폰 만들기

10. 생일 초대장 만들기 • 100
1. 도형으로 초대장 틀 만들기
2. 이미지를 불러와 테두리 꾸미기
3. 도형으로 초대장 꾸미기
4. 글상자로 초대 글 입력하기
5. 초대장 완성하기

11. 캐릭터 편지지 만들기 • 114
1. 편지지 배경 추가하기
2. 배경 이미지 투명도 설정하기
3. 편지지 칸 그리기
4. 편지지 공책 만들기

12. 나만의 동화책 만들기 • 121
1. 동화책에 말풍선 추가하기
2. 글상자를 이용하여 동화 내용 입력하기
3. 동화책 만들기

해피 미션 01_메모지 만들기 • 110

해피 미션 02_이야기 바탕 화면 만들기 • 128

Making 04 홈파티

13. 분위기 있는 가랜드 만들기 • 134
1. 가랜드 틀 만들기
2. 도형 회전하기
3. 도형을 복사하고 반전시키기
4. 도형에 그림 넣기
5. 캐릭터와 도형으로 가랜드 꾸미기
6. 가랜드에 캐릭터 이름 입력하기
7. 가랜드 만들기

14. 감정을 나타내는 문패 만들기 • 145
1. 도형으로 문패 틀 만들기
2. 문패 꾸미기
3. 문패 글 입력하기
4. 문패 만들기

15. 내 손에 작은 미니 앨범 만들기 • 158
1. 인터넷을 통해 사진 다운받기
2. 표지 사진 투명도 조절하기
3. 앨범 제목 입력하기
4. 미니 앨범 만들기

16. 은은한 조명 만들기 • 167
1. 도형으로 조명 틀 만들기
2. 캐릭터로 조명 무늬 만들기
3. 조명 갓 만들기

파티 미션 01_가훈 만들기 • 154

파티 미션 02_사진 액자 만들기 • 176

별별 캐릭터 소개

민티

- **성격** : 깨끗함, 밝음
- **특성** : 예지력, 보호력, 튼튼한 근육
- **해설** : 하하월드 턱쪽 지방에서 태어나 행복하게 지내는 튼튼하고 밝은 캐릭터이다. 어려움에 처한 사람을 보면 도와주고, 심술궂은 세균들을 혼내주는 슈퍼 히어로이다.

로스카

- **성격** : 따뜻함, 차분함, 똑부러짐
- **특성** : 치유력, 공주의 위엄, 하늘의 은총
- **해설** : 하하월드 수도인 입술에서 공주로 태어나 따뜻한 마음과 사랑이 가득한 캐릭터이다. 마을 곳곳을 찾아가 아픈 백성들을 돌보며 치유해주다가 '민티'를 만나 친구가 되었다.

코콧

- **성격** : 부끄럼쟁이, 변덕쟁이
- **특성** : 위험 감지, 몰래 행동함
- **해설** : 카카오 지방에서 태어나 턱쪽 지방으로 이사한 뒤 부끄럼을 많이 타게 된 캐릭터이다. 부끄러움을 많이 타지만, 주목받는 것을 좋아하고, 심술궂은 세균들 앞에서는 대범해진다.

데비

- **성격** : 당당함, 심술꾸러기, 의욕 과다
- **특성** : 분노 조절, 불굴의 마음, 시기 질투
- **해설** : 장난을 매우 좋아하지만 어딘가 엉뚱하고 쓸데없는 의욕이 넘치는 캐릭터이다. 검검월드에서 파견되어 '민티'를 없애고 하하월드를 빼앗아 데비월드를 만들려는 계획을 하고 있다.

마티

- **성격** : 새침데기, 유혹적, 이중성
- **특성** : 그림자 밟기, 도주력
- **해설** : '데비'와 함께 검검월드에서 파견된 캐릭터이다. '코콧'의 매력에 빠져 '민티' 잡는 것에 집중을 못하고 '코콧' 뒤만 쫓아다니고 있다.

꾸누니와 아이들 (스파티, 투스톤, 퀴퀴)

- **성격** : 개구쟁이, 말썽쟁이, 협동
- **특성** : 접착력, 자기 과신, 악취
- **해설** : 대단한 개구쟁이며 말썽쟁이인 '꾸누니와 아이들'이다. 검검월드에서 파견되어 서로 협동심을 이용해 '데비'를 돕는다. 그런데 이 세균 중에 흰흰월드에서 파견된 스파이가 있다.

별별 캐릭터 보물섬 프로그램 이해하기

지갑을 만들기 위해 우선 별별 캐릭터 보물섬의 프로그램 기능을 확인해 봅니다.

1 [별별 캐릭터 보물섬] 아이콘을 더블클릭하여 프로그램을 실행합니다. [교육 활동] 창이 열리면 메뉴 화면이 어떻게 구성되어 있는지 확인합니다.

❶ **주 메뉴** : [별별 캐릭터 보물섬]의 만들기 메뉴가 나타납니다.
❷ **하위 메뉴** : 주 메뉴에서 선택한 만들기 하위 메뉴가 나타납니다.
❸ **실행 파일 메뉴** : 작업에 필요한 [새문서], [중간 파일], [완성 파일]을 확인할 수 있습니다.
❹ **이전 화면** : 이전 메뉴로 이동합니다.

2 [패션 킹]-[지갑 만들기]-[중간 파일]을 클릭하여 [별별 캐릭터 보물섬] 화면이 열리면 구성화면을 확인합니다.

❶ **메뉴 표시줄** : 주요 메뉴를 나타냅니다.
❷ **좌측 도구** : 자료를 꾸밀 수 있는 꾸미기 기능이 모여 있습니다.
❸ **상단 도구** : 파일 저장과 인쇄 등 만들기에 필요한 기본적인 기능이 모여 있습니다.

3 [별별 캐릭터 보물섬]의 [좌측 도구]의 기능을 확인합니다.

❶ **민티 스타** : 다양한 '민티 스타' 캐릭터를 가져올 수 있습니다.
❷ **도형** : 다양한 모양의 '도형'을 가져올 수 있습니다.
❸ **배경** : 다양한 그림의 '배경'을 가져올 수 있습니다.
❹ **글자 꾸미기** : 예쁜 글자를 입력할 수 있습니다.
❺ **글상자** : 원하는 위치에 텍스트를 입력할 수 있습니다.
❻ **별별 캐릭터** : '민티 스타'를 제외한 다양한 캐릭터를 가져올 수 있습니다.
❼ **이미지 불러오기** : 'jpeg', 'png', 'gif' 이미지를 불러와 사용할 수 있습니다.

(🖼 이미지 불러오기)는 이미지('jpeg', 'png', 'gif')만 불러올 수 있어!
형식이 다른 파일은 불러올 수 없어.

★별별 콕콕★ 이미지 보관 방법

▶ '별별 캐릭터 보물섬' 이미지 사용 방법
　① 사용할 이미지는 한 폴더에 모아두기
　② 사용한 이미지를 다른 곳으로 이동하지 않기
　③ 사용한 이미지를 삭제하지 않기

[🖼 이미지 불러오기]로 불러와 작업한 파일을 저장한 다음, 이미지를 삭제할 경우 작품에서 이미지가 사라지게 됩니다.

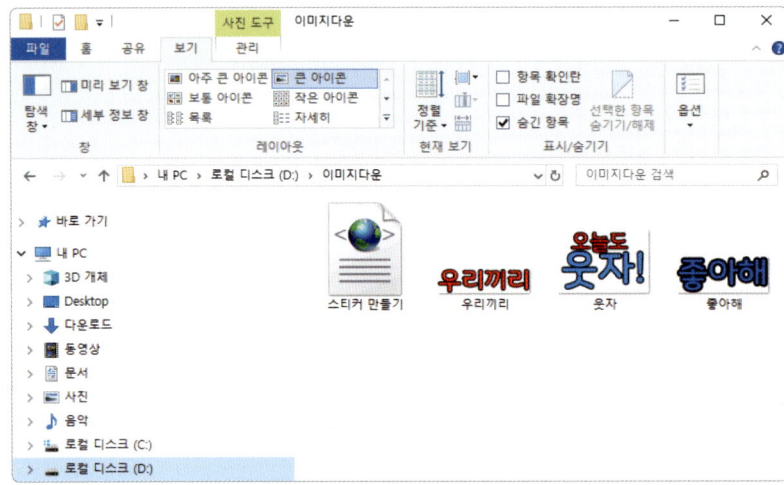

[저장한 파일과 이미지를 함께 놓기]

[잘 보관된 경우]

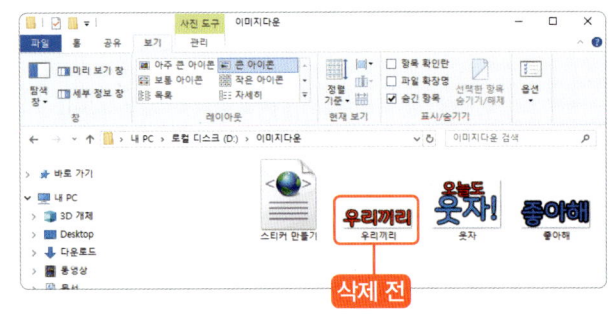

[잘 보관되지 않은 경우]

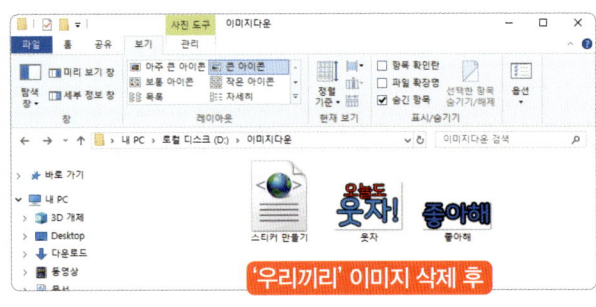

4 [별별 캐릭터 보물섬]의 [상단 도구]의 기능을 확인합니다.

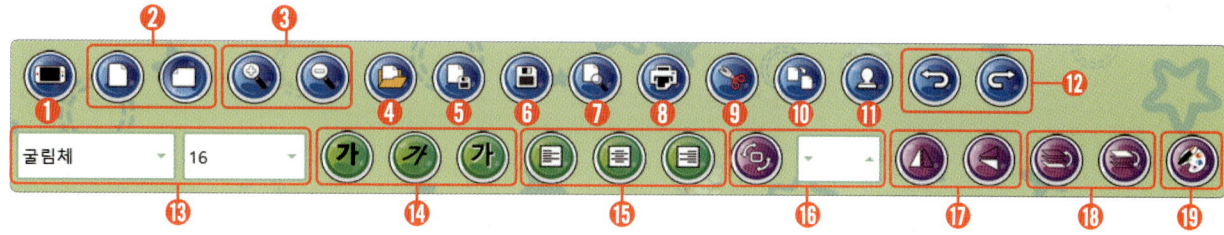

❶ **팝업 열기 :** [주 메뉴] 팝업 창을 띄웁니다.
❷ **세로 새문서, 가로 새문서 :** 문서의 방향을 변경합니다.
❸ **화면 확대, 화면 축소 :** 가로 크기에 맞춰 화면을 확대하거나 전체 화면이 보이도록 화면을 축소합니다.
❹ **불러오기 :** 저장된 파일을 불러옵니다.
❺ **이미지로 저장하기 :** 작성한 파일을 이미지로 저장합니다.
❻ **저장하기 :** 편집이 가능한 상태인 '.XML'파일로 저장합니다.
❼ **인쇄 미리보기 :** 인쇄 전 작성한 파일을 미리 볼 수 있습니다.
❽ **인쇄하기 :** 작성한 파일을 인쇄합니다.
❾ **오려두기 :** 개체를 오려둡니다.
❿ **복사하기 :** 개체를 복사합니다.
⓫ **붙여넣기 :** 개체를 붙여 넣습니다.
⓬ **되돌리기, 다시 실행하기 :** 작업한 내용을 전으로 되돌리거나 다시 실행합니다.
⓭ **글자 서식 변경 :** '글상자'나 '글자 꾸미기'로 작성한 텍스트의 글자 서식을 변경할 수 있습니다.
⓮ **굵은꼴, 기울임꼴, 그림자꼴 :** '글상자'나 '글자 꾸미기'로 작성한 텍스트의 스타일을 변경합니다.
⓯ **왼쪽, 가운데, 오른쪽 맞춤 :** '글상자'로 작성한 텍스트를 정렬합니다.
⓰ **회전하기 :** 개체를 '90도'씩 회전 시키거나, 필요한 각도를 입력하여 개체를 회전 시킬 수 있습니다.
⓱ **좌우반전, 상하반전 :** 개체의 방향을 변경합니다.
⓲ **맨 앞으로 가져오기, 맨 뒤로 보내기 :** 개체의 순서를 '맨 앞'이나 '맨 뒤'로 이동 시킵니다.
⓳ **도형 꾸미기 :** 개체에 배경 색상이나 투명도를 변경할 수 있고, 개체 배경에 이미지를 삽입할 수 있습니다.

개체란 텍스트를 제외한 도형이나 그림 등을 나타내는 용어로 글자를 입력할 수 있는 텍스트 상자나, 글자 꾸미기 역시 개체라고 할 수 있어.

5 왼쪽 도구의 [📷 도형]을 클릭한 후 오른쪽 [도형]을 클릭하여 '원'을 추가해 봅니다.

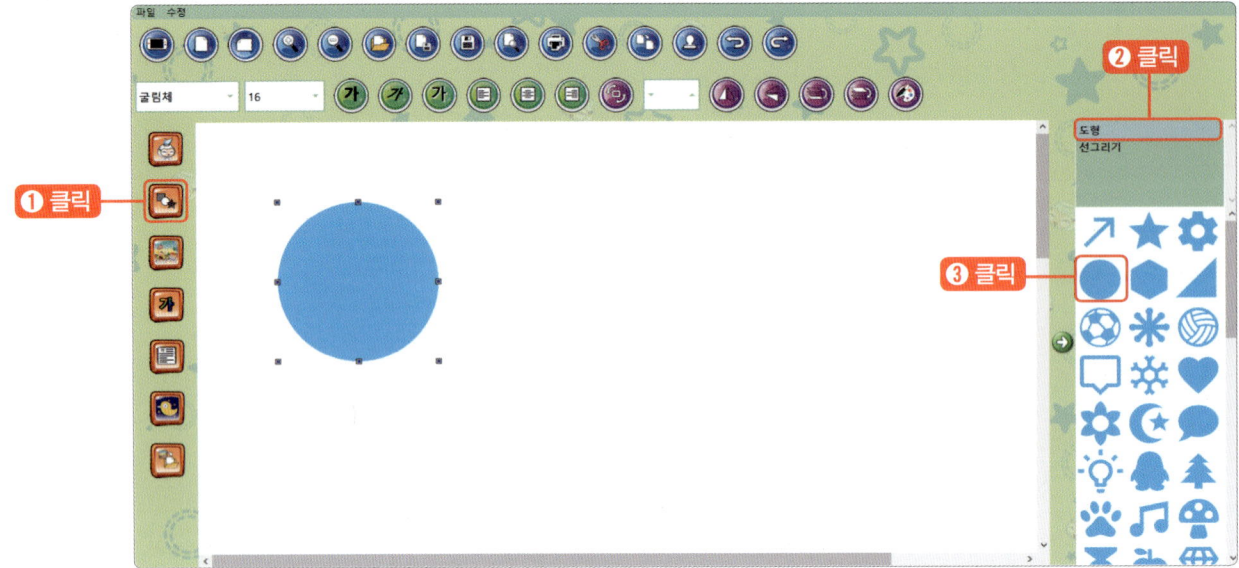

6 원을 선택한 후, [상단 도구]에서 [🎨 도형 꾸미기]를 클릭하여 '색상'을 선택하고, [확인]을 클릭합니다.

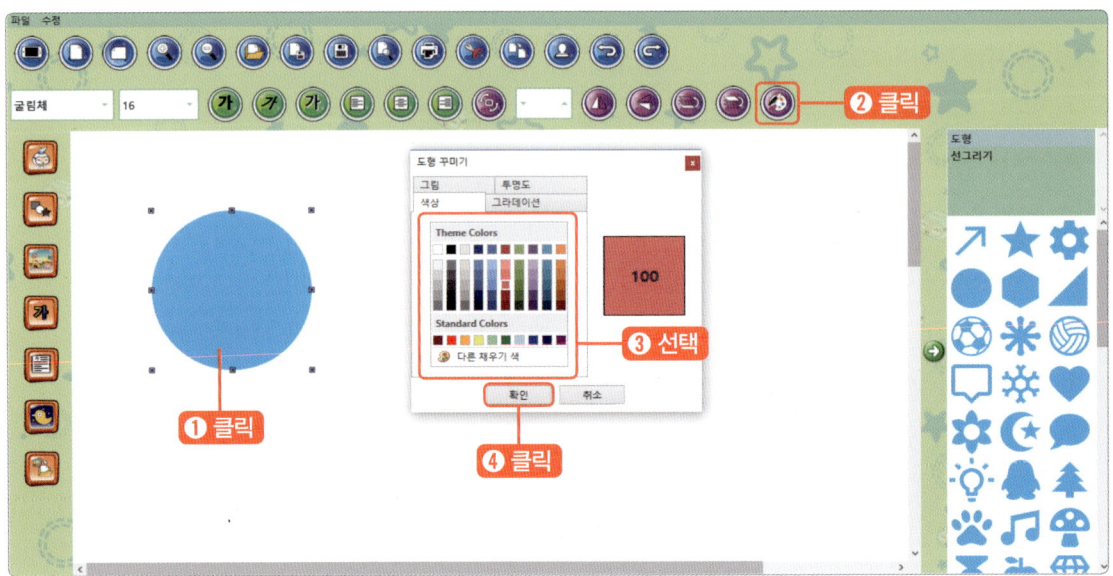

도형 꾸미기를 통해서, 도형의 색상을 바꿀 수 있어.

7 좌측 도구 [🇰 글자 꾸미기]를 클릭하여 "별"을 입력하고, 원하는 색상을 선택한 후 [확인]을 클릭합니다.

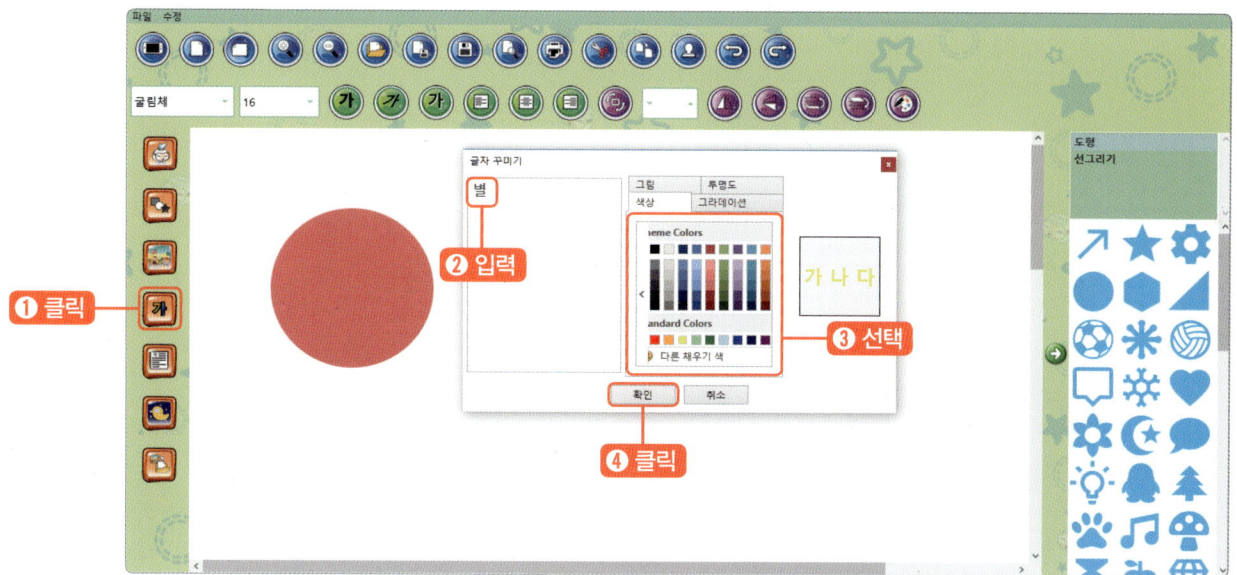

8 '별' 텍스트의 조절점을 마우스로 드래그하여 크기를 조절해 봅니다.

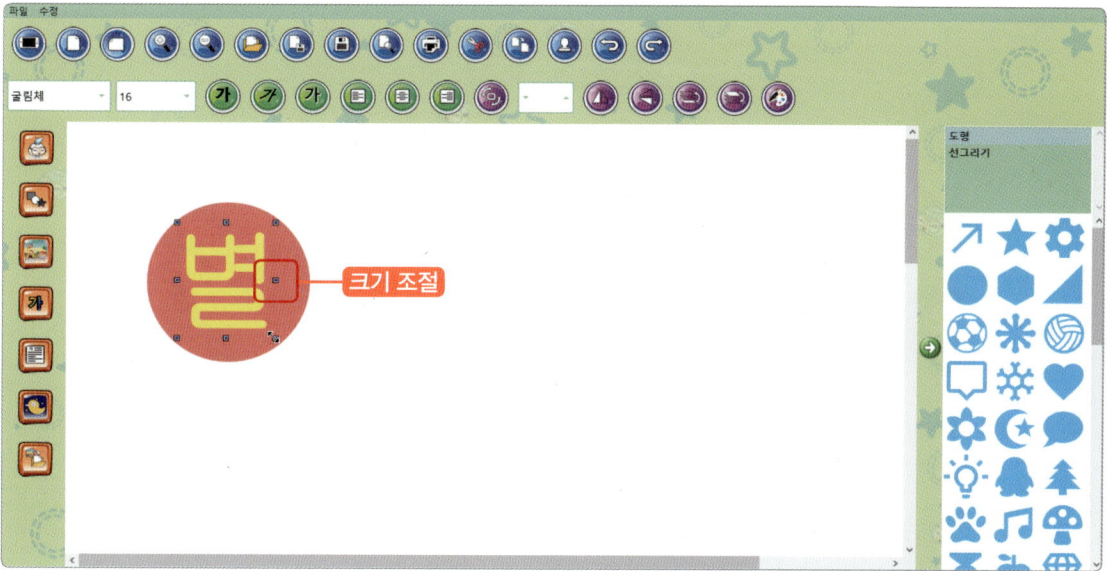

도형과 글자 삽입은 만들기를 할 때 중요한 부분이니까, 꼭 기억해~.

우리들의 별별 캐릭터 보물섬

Making 01
패션 킹

01 나만의 지갑 만들기

02 귀여운 핸드폰 케이스 꾸미기

03 스타일리시한 목걸이 만들기

04 나를 알리는 이름표 만들기

01 나만의 지갑 만들기

"패션 선두주자 나 '팁팡'은 지갑도 남달라!
왜 내 지갑이 부러워? 이건 일급비밀인데, 난 지갑을 만들어 쓰잖아!
그럼 내가 세상에 하나뿐인 지갑을 어떻게 만드는지 알려줄까?"

학습목표

1. 지갑 틀 불러오기
2. 지갑 틀에 그림 삽입하기
3. 지갑 만들기

별별 알아두면 스타

- 도형 안에 배경을 그림으로 채우는 방법을 꼭 기억해!

1 지갑 틀 불러오기

[교육 활동] 대화 상자에서 지갑 만들기 파일을 불러옵니다.

1. [별별 캐릭터 보물섬]을 실행하여 [교육 활동] 대화 상자가 열리면 [패션 킹]-[지갑 만들기]-[중간 파일]을 순서대로 클릭하여 파일을 불러옵니다.

2 지갑 틀에 그림 삽입하기

다양한 그림으로 지갑 틀을 디자인하여 세상에 하나뿐인 지갑을 만들어 봅니다.

1. 지갑 틀을 선택한 후, [상단 도구]의 [도형 꾸미기]를 클릭합니다.

2. [도형 꾸미기] 대화 상자가 나타나면 '그림' 항목에서 원하는 그림을 선택한 후 '확인'을 클릭합니다.

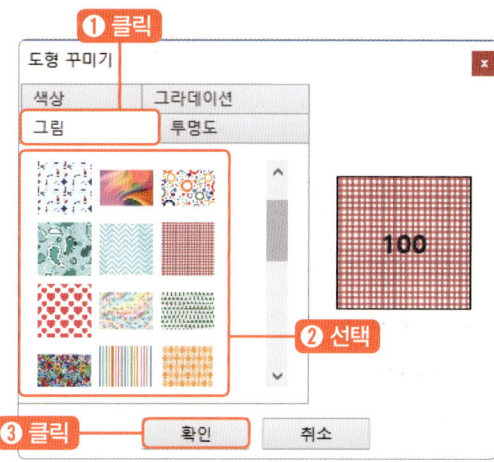

3 동일한 방법으로 지갑 틀 아래쪽 '도형'에도 원하는 그림을 선택한 후 '확인'을 클릭하여 배경을 채웁니다.

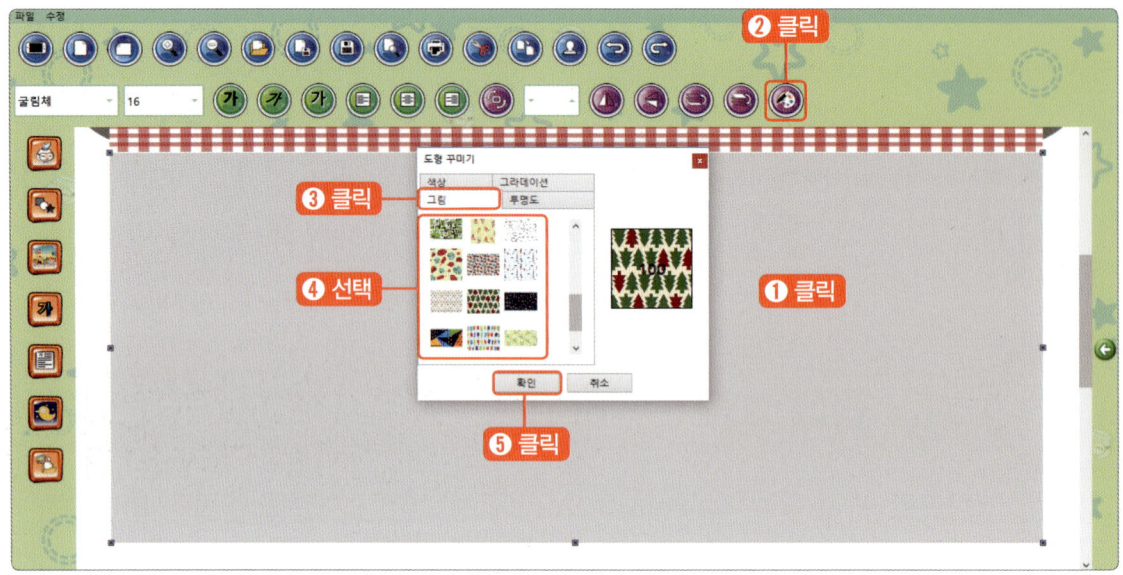

4 나머지 '도형'에도 다양한 그림을 선택한 후 '확인'을 클릭하여 배경을 채웁니다.

사각형 도형 양쪽에 있는 날개 도형은 양면테이프를 붙일 부분이기 때문에 그림을 넣을 필요가 없어.

3 지갑 만들기

나만의 스타일로 디자인한 지갑 틀을 인쇄하여 지갑을 완성해 봅니다.

1 [상단 도구]의 [🖨 인쇄하기]를 클릭하여 지갑 틀을 인쇄합니다. 그 다음은 아래의 그림을 참조하여 순서대로 지갑을 완성해 봅니다.

– 인쇄하기 –

– 코팅하기 –

– 지갑의 앞면과 뒷면 오리기 –

– 지갑 주머니 오리기 –

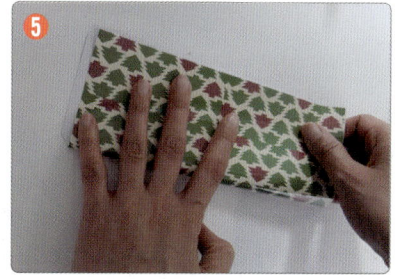
– 지갑의 앞면과 뒷면 접기 –

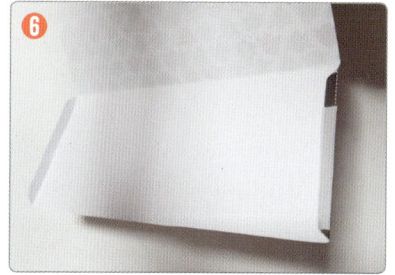
– 접착 부분에 양면테이프 붙이기 –

– 지갑의 앞면과 뒷면 붙이기 –

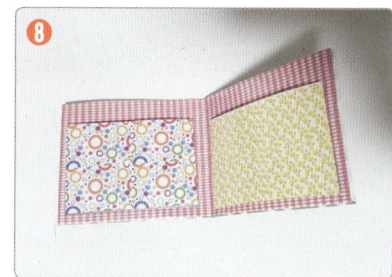
– 지갑 주머니 붙이기 –

– 완성된 지갑 –

코팅기가 없다면 지갑을 완성한 다음 '손 코딩지'를 지갑 겉면에 붙여! 그럼 물에도 잘 젖지 않고 오래 사용할 수 있어!

또 만들어 볼까?

▶ 예제 파일 : 1강_동전 지갑 만들기

예제 파일은 [상단 도구]에서 [🗁 불러오기]를 클릭한 후 '예제 파일' 폴더에서 '1강_동전 지갑 만들기' 파일을 선택한 뒤 '확인'을 클릭하면 가져올 수 있어!

1 다양한 그림을 이용하여 '동전 지갑'을 꾸며 봅니다.

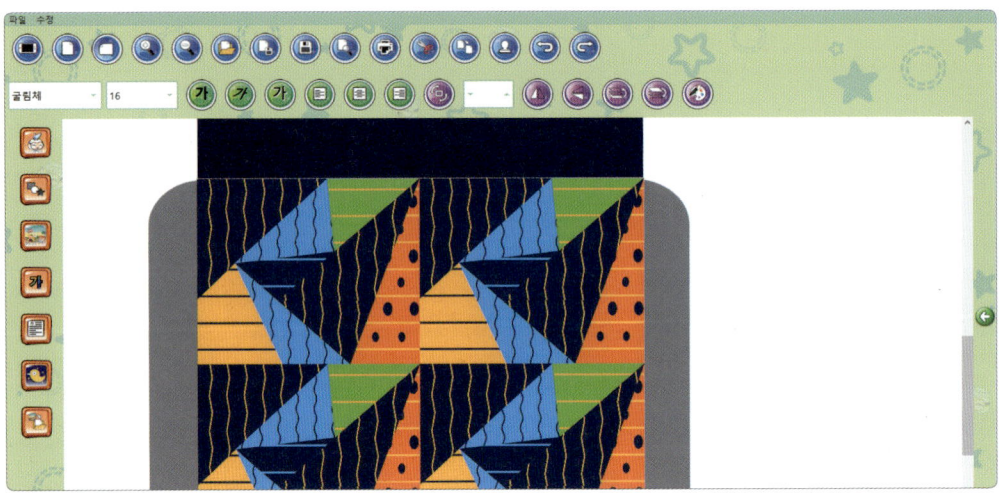

2 디자인을 끝낸 '동전 지갑' 틀을 프린트하여 사용 가능한 동전 지갑으로 만들어 봅니다.

02 귀여운 핸드폰 케이스 꾸미기

나 '마티'의 핸드폰 케이스는 날 닮아서 귀엽고 깜찍하지.
그래서 친구들이 내 핸드폰 케이스를 갖고 싶어해!
혹시 너희도 귀여운 핸드폰 케이스가 갖고 싶다면 간단하게 꾸미는 방법을 알려줄까?

학습목표

1. 이미지 추가하기
2. 이미지 크기 조절하기
3. 핸드폰 케이스 꾸미기

별별 알아두면 스타

- 작업창으로 이미지를 가져오는 방법을 꼭 기억해!

1 이미지 추가하기

[교육 활동] 대화 상자에서 핸드폰 케이스 꾸미기 파일을 불러와 이미지를 추가해 봅니다.

1 [별별 캐릭터 보물섬]을 실행하여 [교육 활동] 대화 상자가 나타나면 [패션 킹]-[핸드폰 케이스 만들기]-[중간 파일]을 순서대로 클릭하여 파일을 불러옵니다.

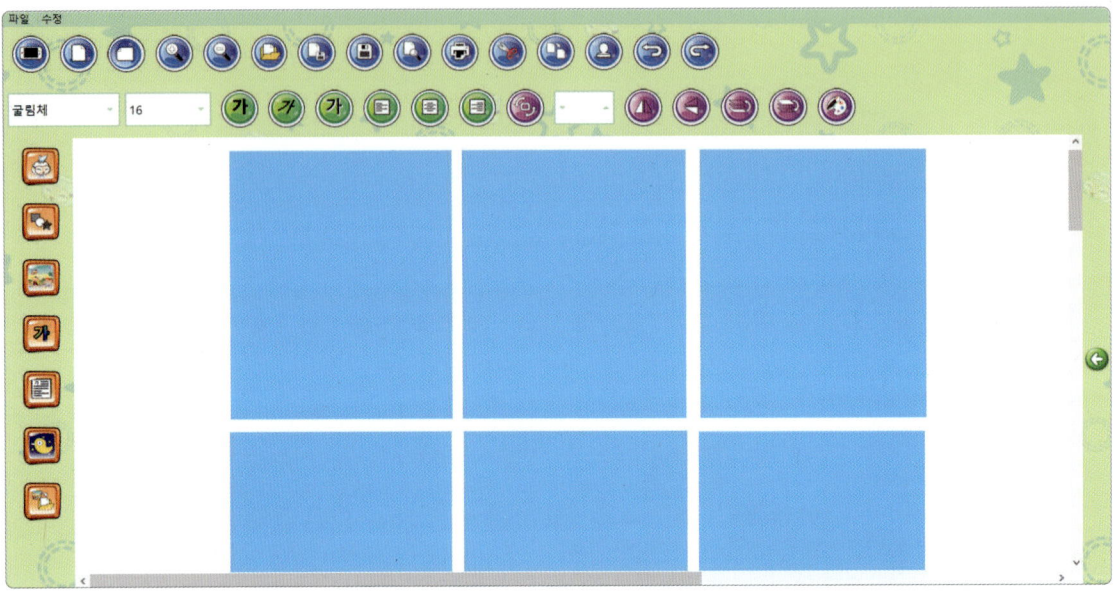

2 [좌측 도구]에서 [민티 스타]를 클릭한 후, '민티 스타'를 클릭하여 원하는 캐릭터를 선택합니다.

② 이미지 크기 조절하기

자신의 핸드폰 크기를 생각하여 이미지 크기를 조절해 봅니다.

1 캐릭터를 선택한 후 첫 번째 도형으로 드래그하여 위치를 이동 시킵니다.

2 캐릭터를 선택한 후 조절점이 나타나면 마우스를 드래그하여 캐릭터의 크기를 조절해 봅니다.

캐릭터의 크기는 도형의 크기를 벗어나지 않도록 해!
캐릭터의 크기가 너무 크면 핸드폰 사이즈보다 커질 수 있거든!

3 [상단 도구]의 [도형 꾸미기]를 클릭하여 도형의 색상을 변경해 봅니다.

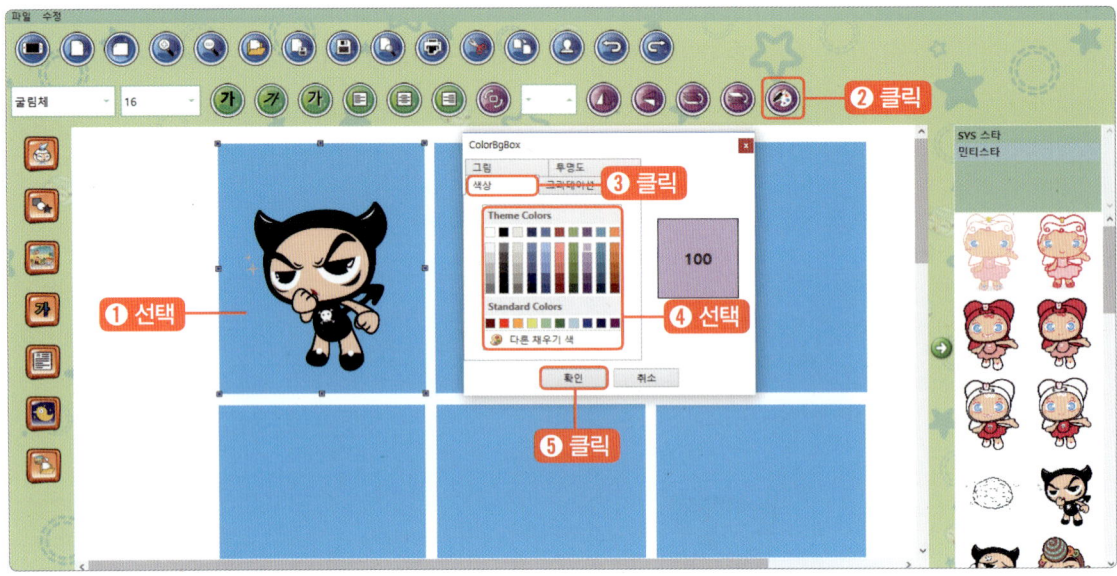

4 [좌측 도구]의 [별별 캐릭터]를 클릭하고 '글자'를 선택하여 원하는 글자를 추가한 후 추가된 글자를 드래그하여 위치를 이동 시킵니다.

5 다른 도형에도 캐릭터와 글자를 추가하여 핸드폰 케이스 이미지를 완성해 봅니다.

3 핸드폰 케이스 꾸미기

디자인한 케이스 이미지를 인쇄하여 핸드폰 케이스를 꾸며 봅니다.

1 [상단 도구]의 [🖨 인쇄하기]를 클릭하여 디자인한 케이스 이미지를 인쇄합니다. 그 다음은 아래의 그림을 참조하여 순서대로 케이스를 꾸며 봅니다.

- 인쇄하기 -

- 가위로 오리기 -

- 핸드폰 투명 케이스 준비하기 -

- 오린 캐릭터 핸드폰에 올리기 -

- 핸드폰 케이스 끼우기 -

- 핸드폰 케이스 꾸미기 완성 -

별별 캐릭터 보물섬에는 숨겨진 비밀 기능이 있어! 그건 외부 파일을 불러오는 건데, 그 방법은 [좌측 도구] 하단에 있는 [🖼 이미지 불러오기] 기능을 사용하면 돼!

또 만들어 볼까?

▶ 예제 파일 : 2강_카드 디자인

1 '2강_카드 디자인' 파일을 불러와 다양한 배경 그림과 캐릭터를 이용하여 '카드 디자인'을 완성해 봅니다.

2 디자인을 끝낸 '카드 디자인' 틀을 프린트하여 카드를 꾸며 봅니다.

01 킹 미션 브로치 만들기

▶ 예제 파일 : 킹 미션_브로치 만들기   ▶ 완성 파일 : 킹 미션_브로치 만들기_완성

[상단 도구]의 '도형 꾸미기'와 [좌측 도구]의 '민티 스타', '별별 캐릭터'를 이용하여 브로치를 완성해 봅니다.

1 '킹 미션_브로치 만들기' 파일을 불러와 [상단 도구]의 [🔮 도형 꾸미기]를 이용하여 도형을 꾸며 봅니다.

2 [좌측 도구]의 [🌟 민티 스타]와 [🌙 별별 캐릭터]를 이용하여 도형 안쪽에 캐릭터를 추가해 봅니다.

3 [상단 도구]의 [🖨 인쇄하기]를 클릭하여 브로치 디자인을 인쇄합니다. 그 다음은 아래의 그림을 참조하여 순서대로 브로치를 완성해 봅니다.

– 브로치 디자인 인쇄하기 –

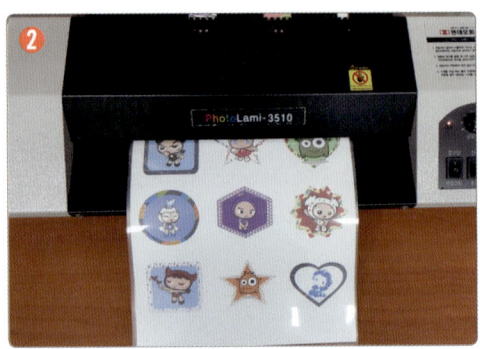
– 코팅하기 –

– 가위로 오리기 –

– 원형 브로치 뒷면에 글루 건으로 붙이기 –

– 원형 브로치 붙인 모습 –

– 완성된 브로치 –

브로치에 붙일 핀을 살 계획이라면 인터넷에서 '원형 브로치 핀'을 검색해 봐!
붙이는 면적이 넓어 글루 건으로도 붙일 수 있어!

03 스타일리시한 목걸이 만들기

패션의 완성은 목걸이야! 그래서 나 '첼리걸'은 다양한 목걸이를 가지고 있지!
하지만 나의 패션을 완성시켜 주기에는 아직도 모자라!
그래서 부탁인데, 나랑 같이 목걸이 좀 만들어 줄래? 대신 내가 만드는 방법을 알려줄게!

학습목표

1. 도형으로 펜던트 만들기
2. 도형 순서 변경하기
3. 펜던트 꾸미기
4. 목걸이 만들기

별별 알아두면 스타

- 여러 도형을 사용할 때, 도형의 순서를 바꿀 수 있다는 걸 기억해!

1 도형으로 펜던트 만들기

[교육 활동] 대화 상자에서 새문서를 불러와 도형을 추가해 봅니다.

1 [별별 캐릭터 보물섬]을 실행하여 [교육 활동] 대화 상자가 열리면 [패션 킹]-[목걸이 만들기]-[새문서]를 순서대로 클릭하여 '새문서'를 실행합니다.

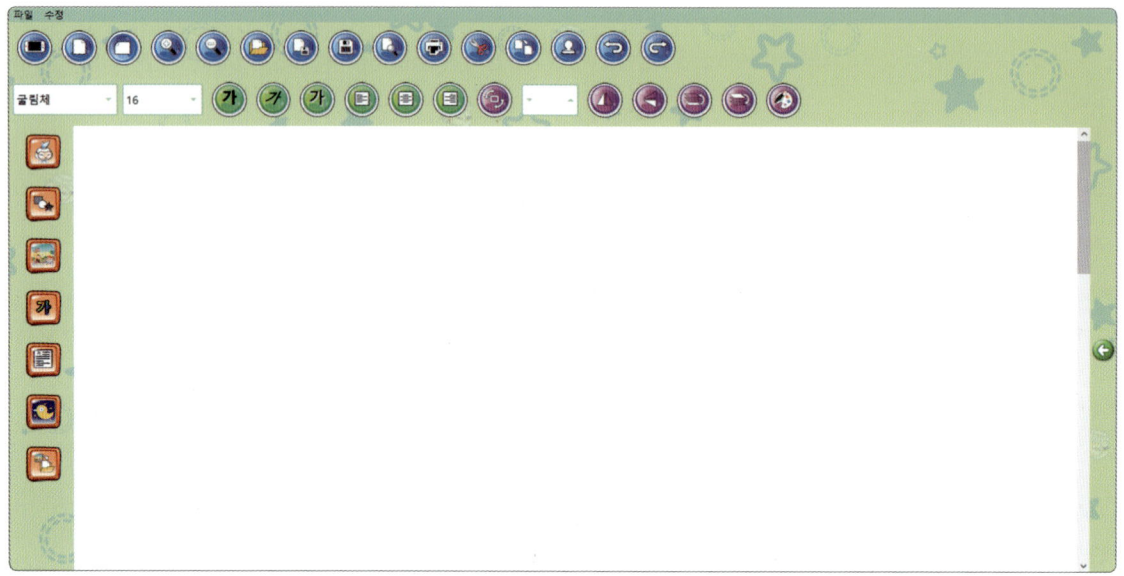

2 [좌측 도구]에서 [도형]을 클릭한 후 [우측 메뉴]에서 '도형'을 클릭합니다.

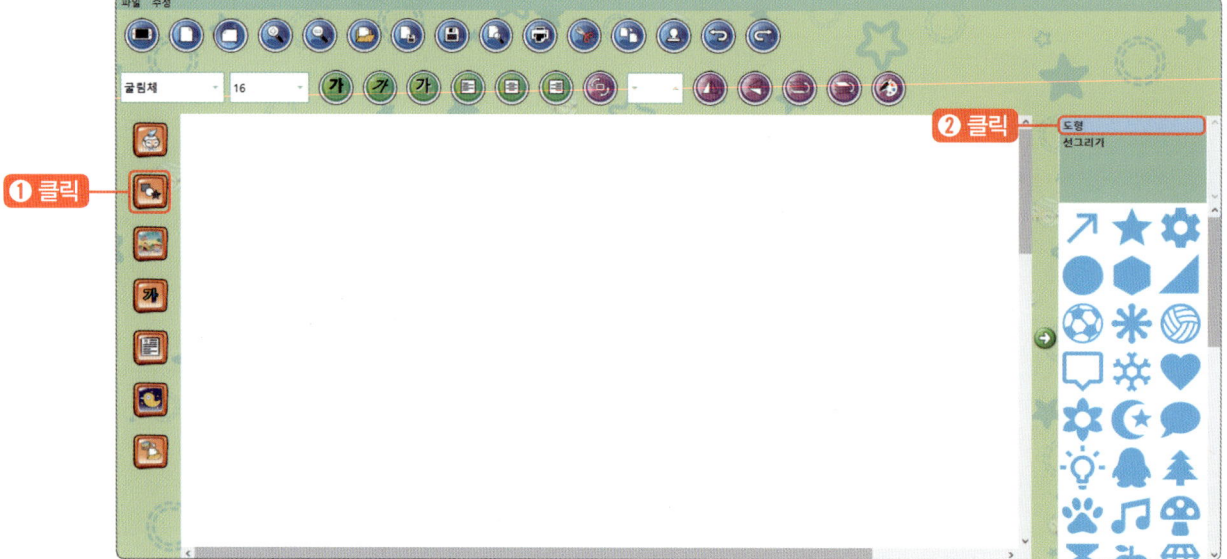

3 원하는 도형 여러 개를 클릭하여 나열해 놓습니다.

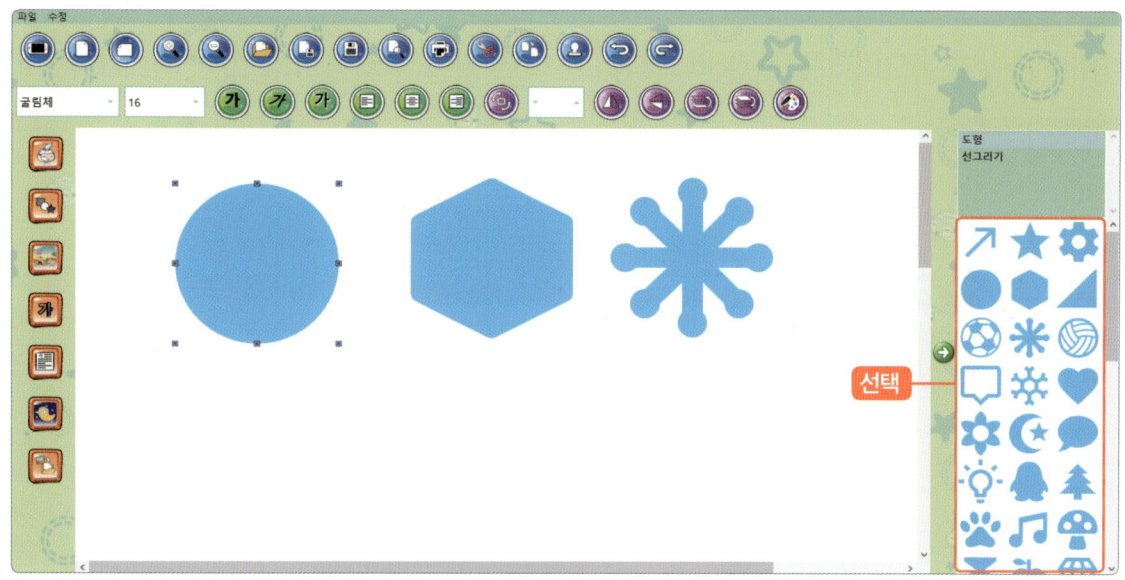

4 세 개의 도형을 합쳐 어떤 새로운 도형을 만들지 생각합니다. 어떤 도형을 만들지 생각했다면 각각의 도형의 크기를 조절한 후, [상단 도구]의 [🌀 도형 꾸미기]를 이용하여 도형의 색상을 변경합니다.

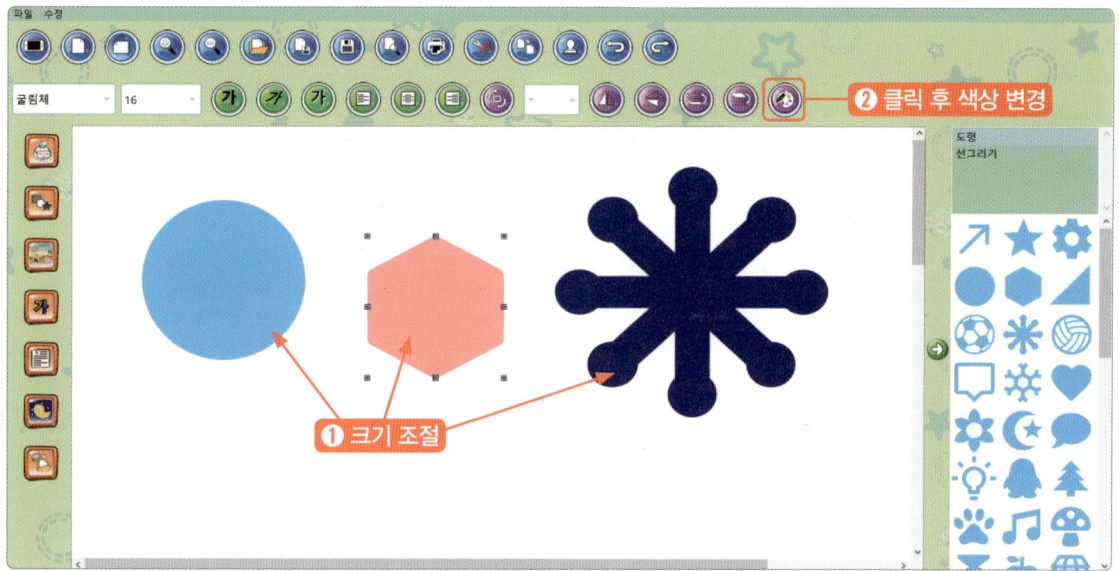

캐릭터나 도형을 추가하면 항상 왼쪽 상단에 개체가 나타나기 때문에, 펜던트를 만들 도형은 다른 곳으로 이동시켜 작업하는 게 좋아!

 **도형 순서 변경하기**

여러 개의 도형이나 캐릭터를 추가하여 도형의 쌓인 순서를 마음대로 변경해 봅니다.

1 하나의 모양으로 표현하기 위해 도형을 드래그하여 한 군데로 모아 봅니다.

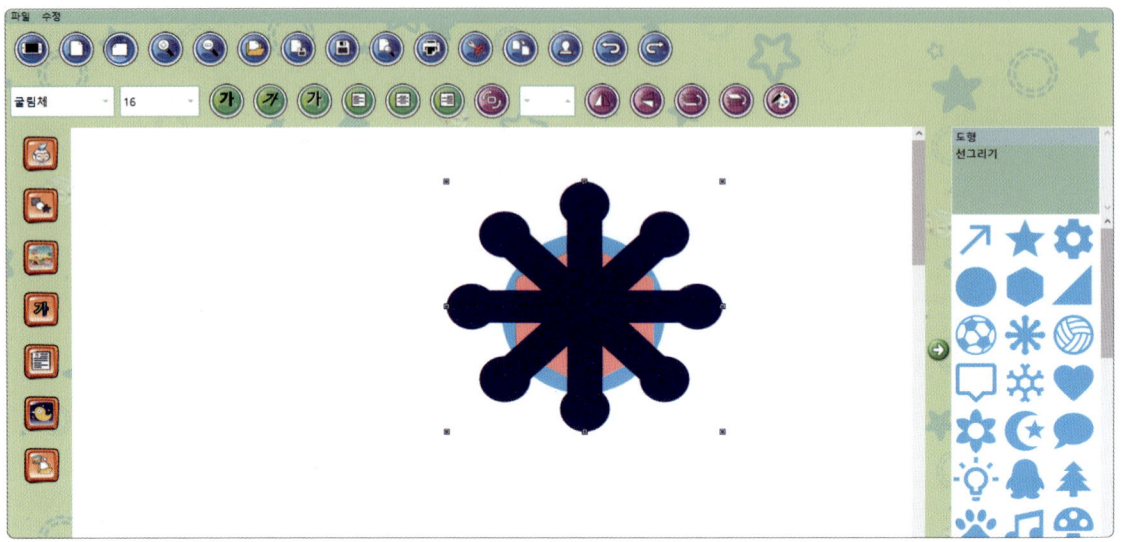

2 원하는 모양으로 도형을 만들기 위해 앞쪽에 있는 도형을 선택하고, [상단 도구]의 [맨 뒤로 보내기]를 클릭하여 선택한 도형의 순서를 변경합니다.

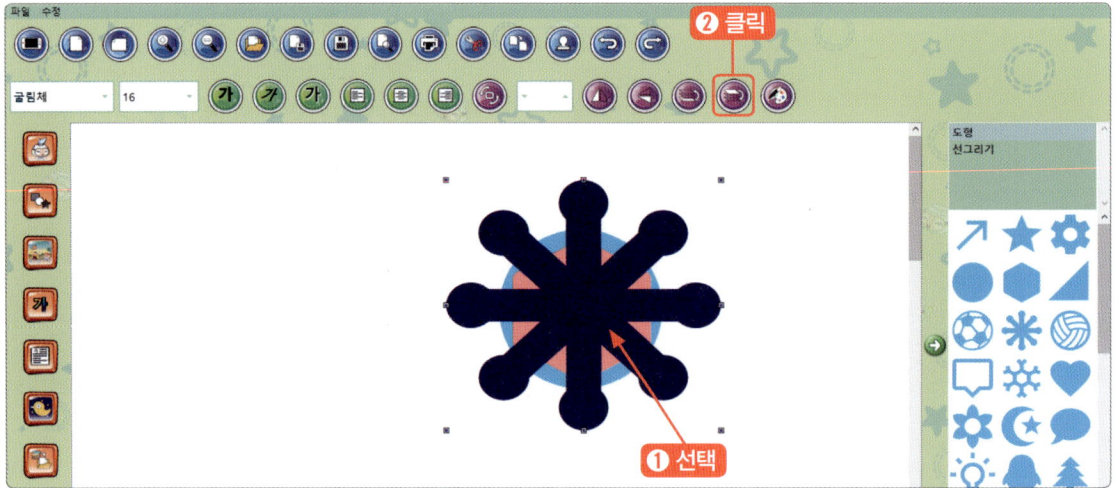

 개체를 뒤쪽으로 보내는 건 알았지만, 도형을 맨 앞으로 오게 하는 방법은 뭘까?

그건 [상단 도구]의 [맨 앞으로 가져오기] 버튼을 클릭하면 돼!

3 펜던트 꾸미기

펜던트 안쪽에 캐릭터나 예쁜 도형을 넣어 꾸며 봅니다.

1 펜던트를 꾸미기 위해, [좌측 도구]의 [도형]에서 원하는 도형을 가져옵니다.

2 삽입한 도형을 [상단 도구]의 [도형 꾸미기]를 이용하여 꾸민 뒤에, 도형을 맨 앞으로 이동시켜 봅니다. 마지막으로 펀치를 뚫을 부분을 도형으로 표시해 둡니다.

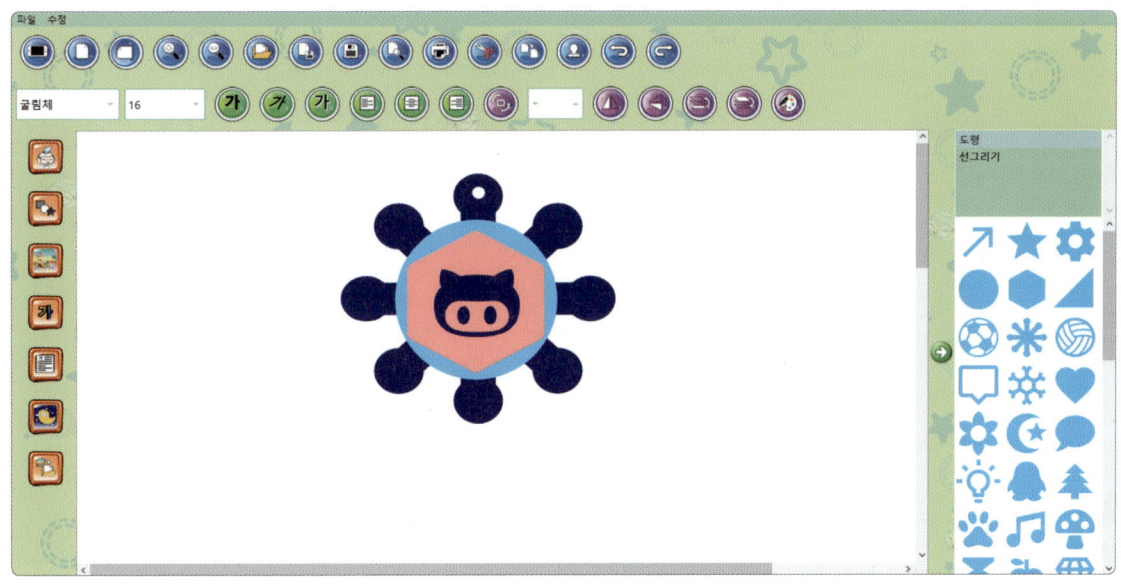

3 위와 같은 방법으로 펜던트를 몇 개 더 만들어 봅니다.

4 목걸이 만들기

디자인한 그림을 인쇄하여, 목걸이를 만들어 봅니다.

1 [상단 도구]의 [🖨 인쇄하기]를 클릭하여 디자인한 그림을 인쇄합니다. 그 다음은 아래의 그림을 참조하여 순서대로 목걸이를 완성해 봅니다.

– 인쇄하기 –

– 코팅하기 –

– 가위로 오리기 –

– 펀치로 구멍 뚫기 –

– 펀치로 구멍을 뚫은 모습 –

– 구멍에 목걸이 줄 연결하기 –

목걸이를 만들 때, 사용하는 목걸이 줄은 '군번줄'을 사용하면 돼~.

또 만들어 볼까?

▶ 예제 파일 : 3강_같은 펜던트 만들기

1 '3강_같은 펜던트 만들기' 파일을 불러와 '수정 펜던트'의 순서를 변경하여 '결과 펜던트'와 똑같이 만들어 봅니다.

2 디자인을 끝낸 '펜던트 디자인' 틀을 프린트하여 펜던트를 만들어 봅니다.

04 나를 알리는 이름표 만들기

흔한 이름표? NO!! NO!!

나 '로스카'는 '이름표' 하나에도 패션을 추구하지!

너도 패션 이름표를 만들고 싶으면 날 따라해 봐!

학습목표

1. 이미지로 이름표 틀 만들기
2. 도형으로 이름표 꾸미기
3. 글자 꾸미기로 이름 입력하기
4. 이름표 사용하기

별별 알아두면 스타

- 글자 꾸미기를 이용해서 재미있는 글자를 만들 수 있다는 걸 기억해!

1 이미지로 이름표 틀 만들기

[교육 활동] 대화 상자에서 새문서를 불러와 이미지로 이름표 틀을 만들어 봅니다.

1. [별별 캐릭터 보물섬]을 실행하여 [교육 활동] 대화 상자가 나타나면, [패션 킹]-[이름표 만들기]-[새문서]를 순서대로 클릭하여 '새문서'를 실행합니다.

2. 이름표 틀을 가져오기 위해 [좌측 도구]의 [별별 캐릭터]를 클릭한 후 [우측 메뉴]에서 '팻말'을 클릭합니다.

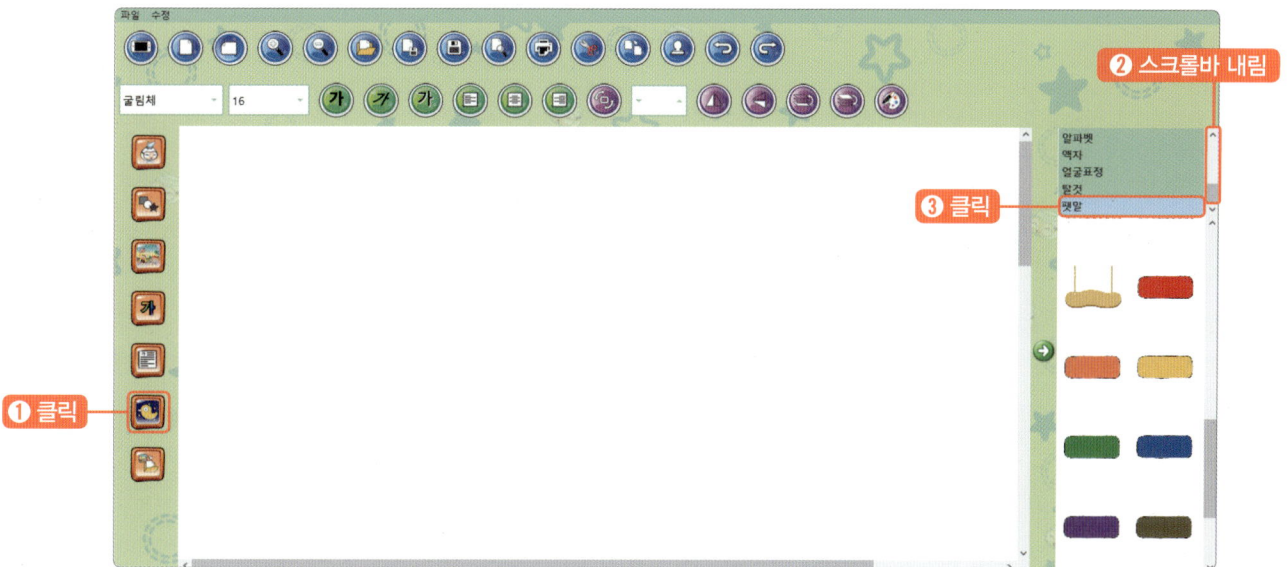

3 많은 팻말 중 이름표로 사용할 이미지를 선택합니다. 개체가 추가되면 개체의 조절점을 마우스로 드래그하여 크기를 조절합니다.

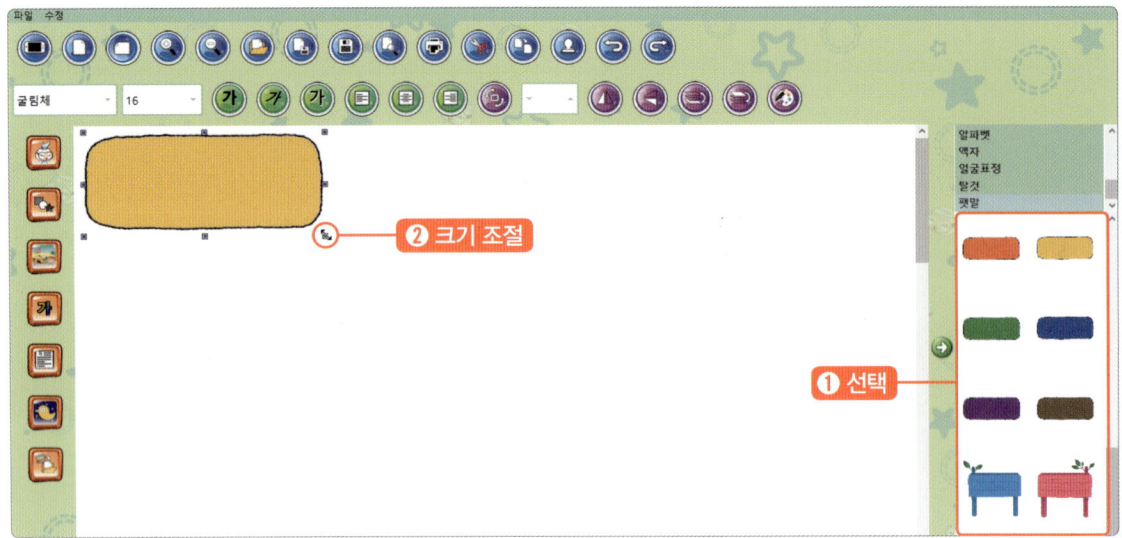

4 같은 색의 이름표를 4개씩 만들기 위해 삽입된 '팻말' 개체를 선택하고 [상단 도구]의 [복사하기]를 클릭한 후, [붙여 넣기]를 3번 클릭한 뒤 위치를 이동시킵니다.

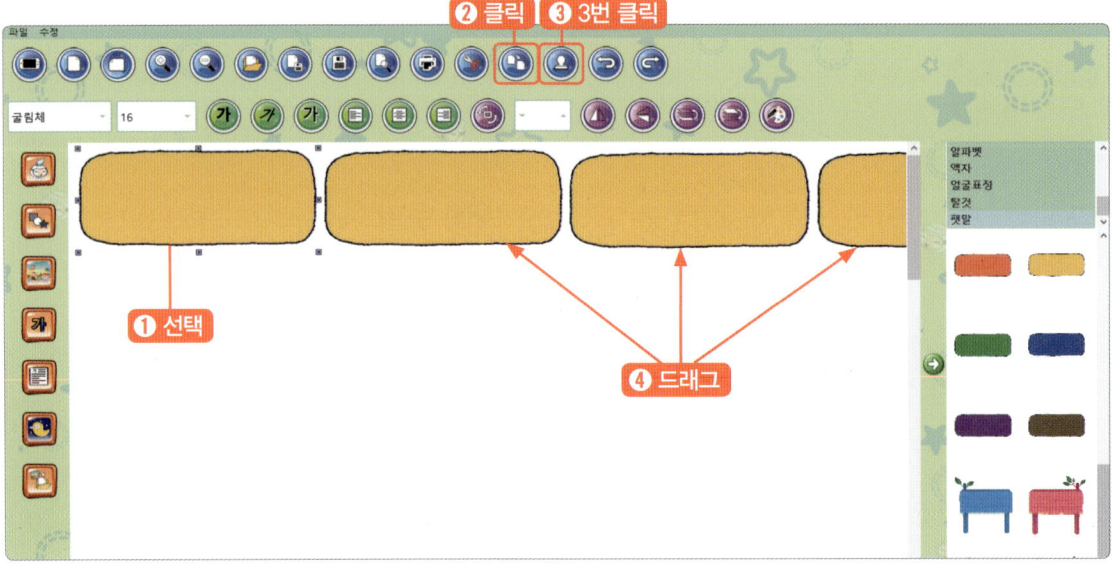

5 위와 같은 방법으로 아래쪽에도 이름표를 채워 줍니다.

개체를 복사하고 붙여 넣을 때는 단축키를 사용할 수도 있어!
그 단축키는 Ctrl + C [복사]와 Ctrl + V [붙여 넣기]니까 기억해 둬.

② 도형으로 이름표 꾸미기

다양한 도형을 추가하여 스타일이 다른 이름표를 완성해 봅니다.

1 [좌측 도구]의 [도형]을 클릭하여 [우측 메뉴]에서 '도형'을 클릭한 후 원하는 도형을 가져옵니다. 그리고 [상단 도구]의 [도형 꾸미기]를 클릭하여 색상을 변경한 뒤 위치를 이동 시킵니다.

2 다른 이름표에도 도형을 추가해 꾸며 봅니다. 같은 모양은 [상단 도구]의 [복사하기]와 [붙여 넣기] 기능을 이용합니다.

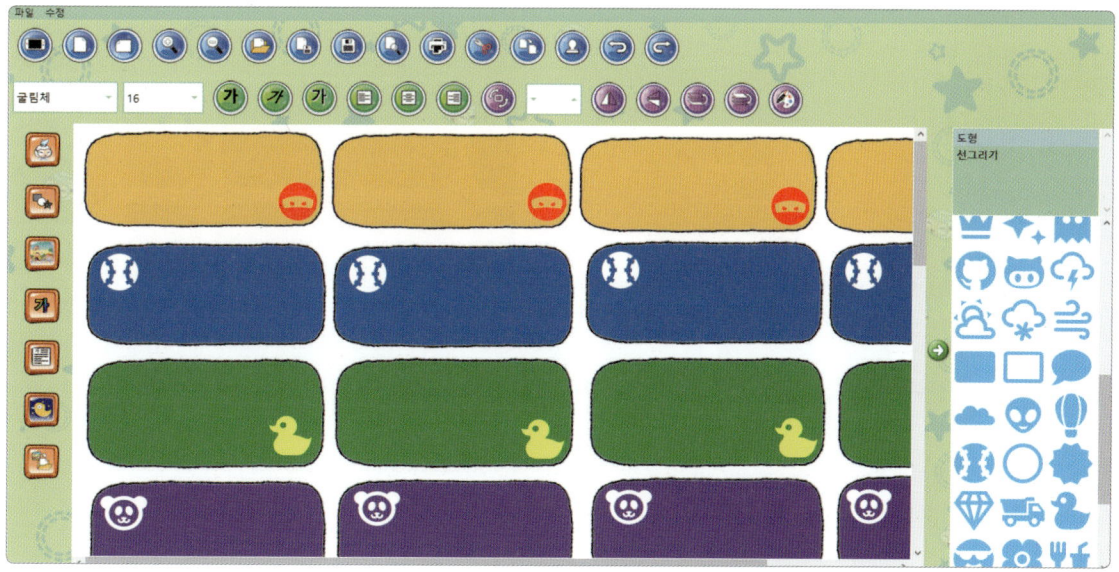

3 글자 꾸미기로 이름 입력하기

글자 꾸미기를 이용하여 다양한 패턴으로 이름을 꾸며 봅니다.

1 이름을 입력하기 위해 [좌측 도구]의 [㉮ 글자 꾸미기]를 클릭한 후, 이름을 입력합니다.

2 '그림' 항목을 클릭하고 원하는 '그림'을 선택한 후 [확인]을 클릭합니다.

3 [상단 도구]의 [글자 서식]을 이용하여 입력된 이름의 '글꼴'을 변경합니다. 위와 같은 방법으로 다른 이름표에도 이름을 입력합니다.

글자 꾸미기 구성 화면 확인하기

❶ **그림** : 글자에 그림을 채웁니다.
❷ **투명도** : 글자의 투명도를 설정합니다.
❸ **색상** : 글자 색상을 변경합니다.
❹ **그라데이션** : 글자 색상을 그라데이션으로 채웁니다.

입력한 글자를 변경하고 싶으면 변경하고자 하는 글자 위에서 마우스 오른쪽 버튼을 클릭하면 돼!

4 이름표 사용하기

디자인한 이름표 이미지를 인쇄하여 이름표를 완성해 봅니다.

1 [상단 도구]의 [ 인쇄하기]를 클릭하여 디자인한 이름표를 인쇄합니다. 그 다음은 아래의 그림을 참조하여 순서대로 이름표를 완성해 봅니다.

– 라벨지로 인쇄하기 –

– 코팅하기 –

– 가위로 자르기 –

– 스티커 떼기 –

– 다이어리 꾸미기 –

– 다이어리 꾸미기 완성 –

이름표를 오랫동안 사용하고 싶다면 디자인한 이미지를 인쇄한 다음 코팅해서 사용하면 좋아!

또 만들어 볼까?

> 예제 파일 : 4강_연필 띠 만들기

1 다양한 도형과 [가 글자 꾸미기]를 이용하여 '연필 띠'를 꾸며 봅니다.

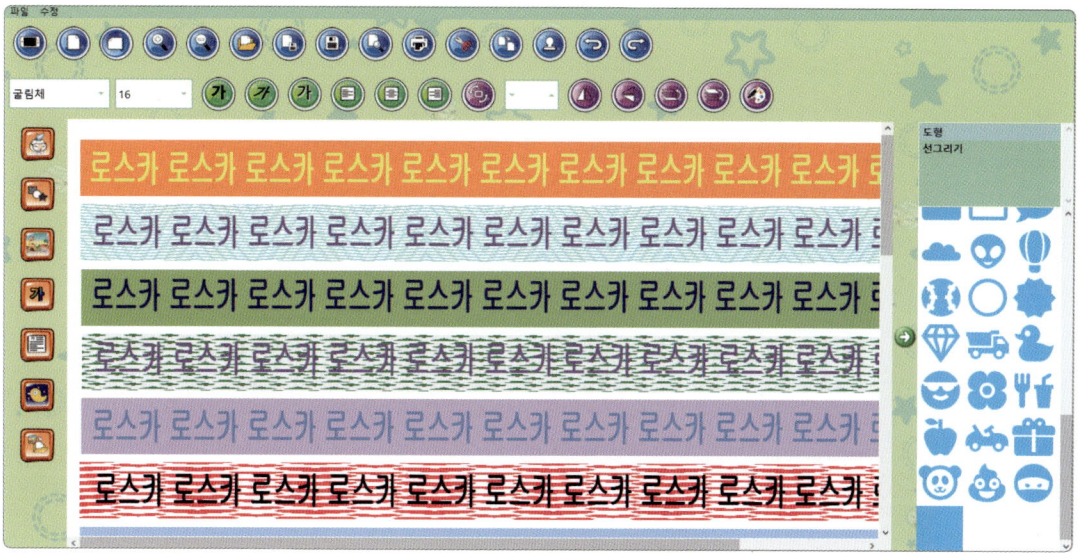

2 디자인한 '연필 띠'를 프린트하여 연필에 붙여 봅니다.

명함 만들기

▶ 예제 파일 : 킹 미션_명함 만들기   ▶ 완성 파일 : 킹 미션_명함 만들기_완성

[상단 도구]의 '도형 꾸미기'와 [좌측 도구]의 '민티 스타', '별별 캐릭터', '도형', '글자 꾸미기'를 이용하여 명함을 완성해 봅니다.

1. '킹 미션_명함 만들기' 파일을 불러와 [좌측 도구]의 [도형]을 이용하여 명함 틀을 만들어 봅니다.

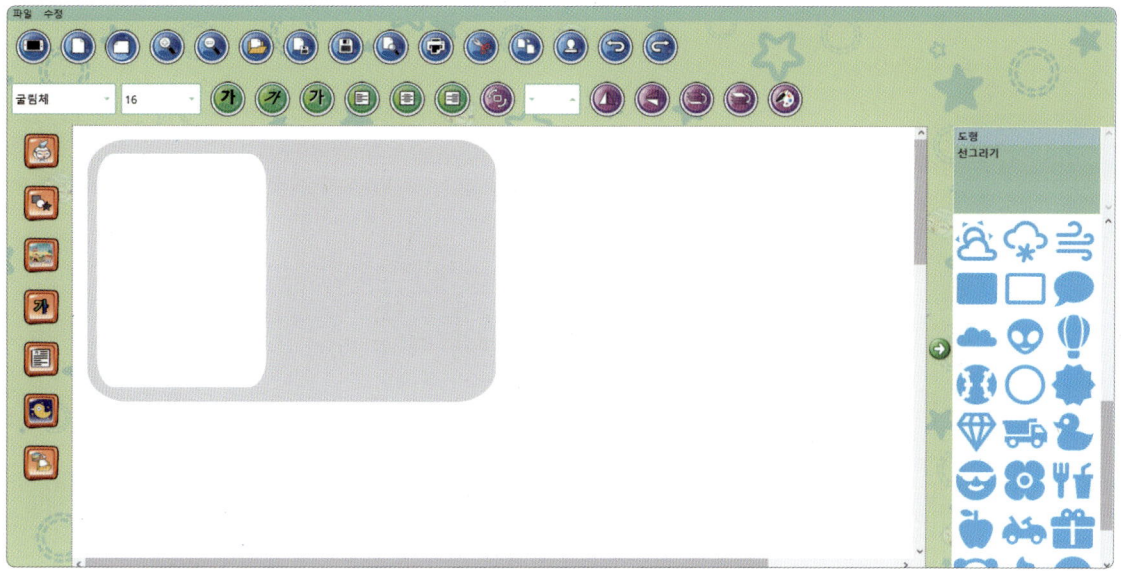

2. [좌측 도구]의 [민티 스타]에서 나를 소개할 명함 이미지를 불러와 크기를 조절합니다.

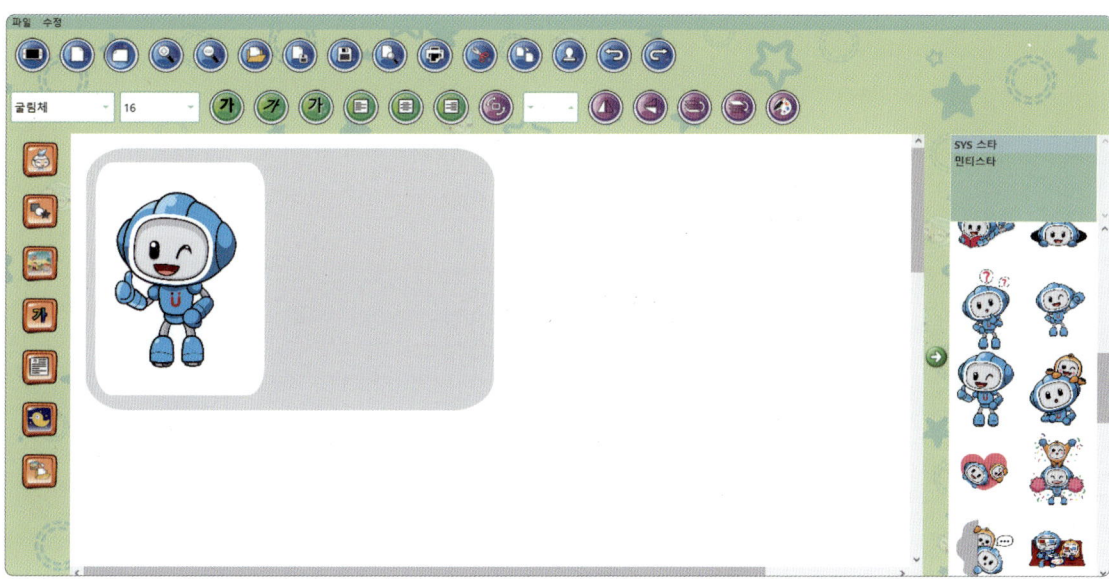

민티 스타에는 말이야!
그 동안 사용한 '민티 스타'만 있는 게 아니야! 'SYS 스타'도 있으니까 사용해 봐~.

3 [좌측 도구]의 [가 글자 꾸미기]를 이용하여 이름을 입력하고, 예쁘게 꾸며 봅니다.

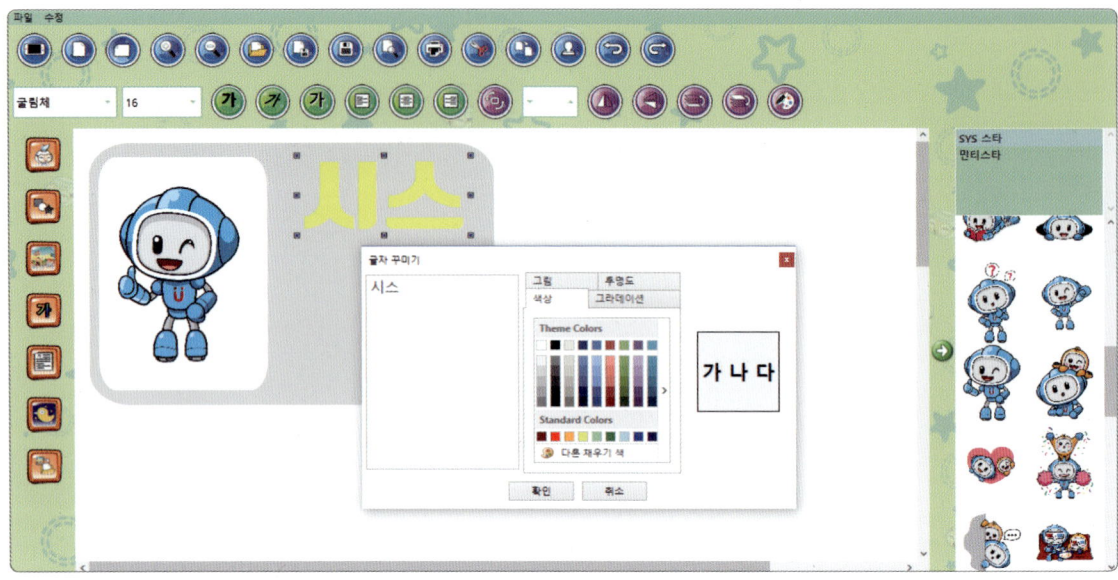

4 '생일'과 '전화번호', '별명', '좋아하는 캐릭터' 등의 명함 내용을 [가 글자 꾸미기]를 이용하여 입력해 봅니다.

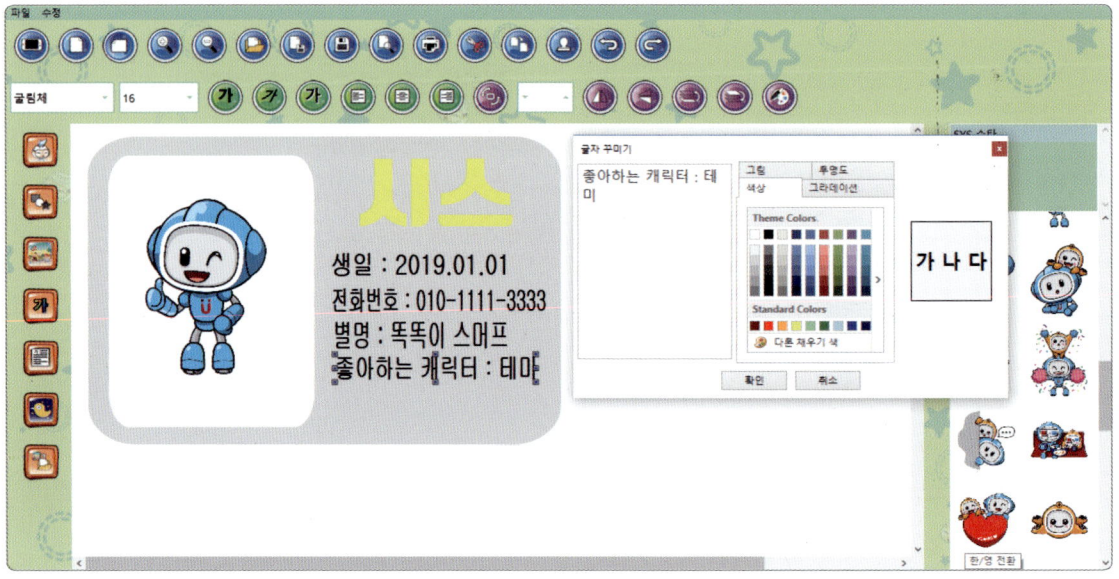

우리가 사용하는 명함은 다 똑같을 필요는 없어!
나를 알릴 수 있는 내용으로 적는 게 좋겠지?

5 [🎨 도형 꾸미기]와 [🔲 도형] 기능을 이용하여 '명함'을 완성해 봅니다.

6 비어 있는 공간에 다양한 스타일의 명함을 만들어 채워 봅니다.

7 [상단 도구]의 [🖨 인쇄하기]를 클릭하여 명함 디자인을 인쇄합니다. 그 다음은 아래의 그림을 참조하여 순서대로 명함을 완성해 봅니다.

- 인쇄하기 -

- 코팅하기 -

- 가위로 오리기 -

- 명함 완성 -

명함을 인쇄할 때는 우리가 평소에 쓰는 A4(80g) 용지보다 조금 더 두꺼운 A4(120g) 용지로 인쇄하는 것이 좋아!

Making 02
토이 랜드

나로 말할 것 같으면 데비!

- **05** 굿즈 스티커 만들기
- **06** 나의 분신 아바타 만들기
- ★ 랜드 미션 01
- **07** 재미있는 같은 카드 찾기
- **08** 즐거운 시장놀이 세트 만들기
- ★ 랜드 미션 02

05

굿즈
스티커 만들기

티비 속 연예인들은 굿즈가 있잖아!
나 '데비'도 날 나타낼 수 있는 굿즈가 있었으면 좋겠어!
그래서 스티커를 만들려고 하는데 나랑 같이 만들어 볼래?

학습목표

1. 텍스트로 그룹 나누기
2. 스티커 이미지 추가하기
3. 스티커 사용하기

별별 알아두면 스타

- 별별 캐릭터 보물섬에서 한글처럼 글자를 쓰고 싶을 때도 있잖아!
  그럴 때는 '글자 꾸미기'가 아니라 '글상자'를 사용할 수 있다는 걸 기억해~

① 텍스트로 그룹 나누기

[교육 활동] 대화 상자에서 새문서를 불러와 텍스트와 선으로 그룹을 나눠 봅니다.

1. [별별 캐릭터 보물섬]을 실행하여 [교육 활동] 대화 상자가 나타나면 [토이 랜드]-[스티커 만들기]-[새문서]를 순서대로 클릭하여 '새문서'를 실행합니다. '새문서'가 열리면 [상단 도구]의 [가로 새문서]를 클릭하여 문서의 방향을 회전 시킵니다.

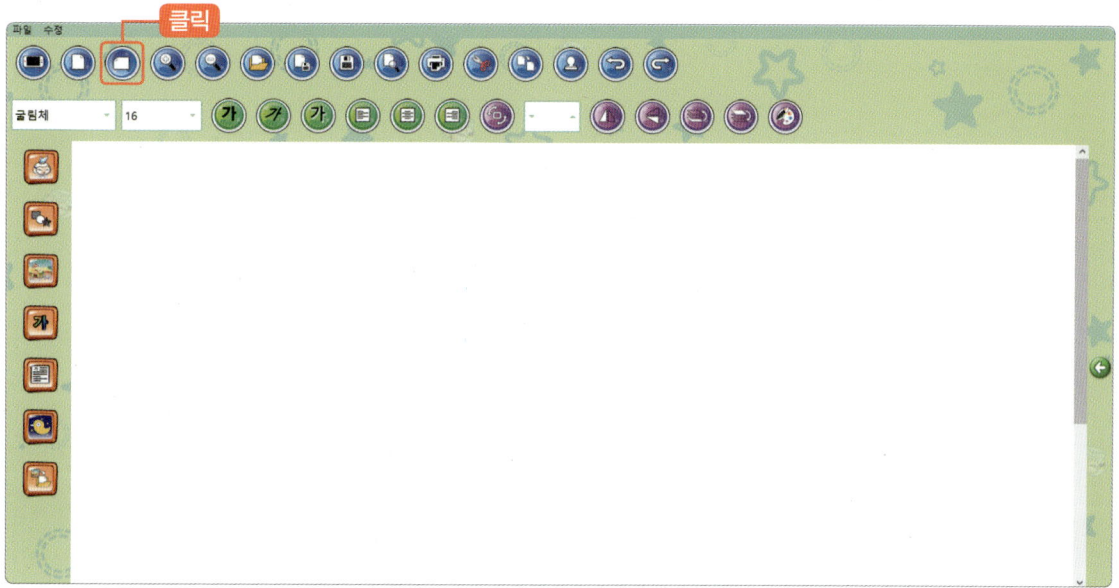

2. 글자를 입력하기 위해 [좌측 도구]의 [글상자]를 클릭하여 입력할 위치에서 드래그 합니다.

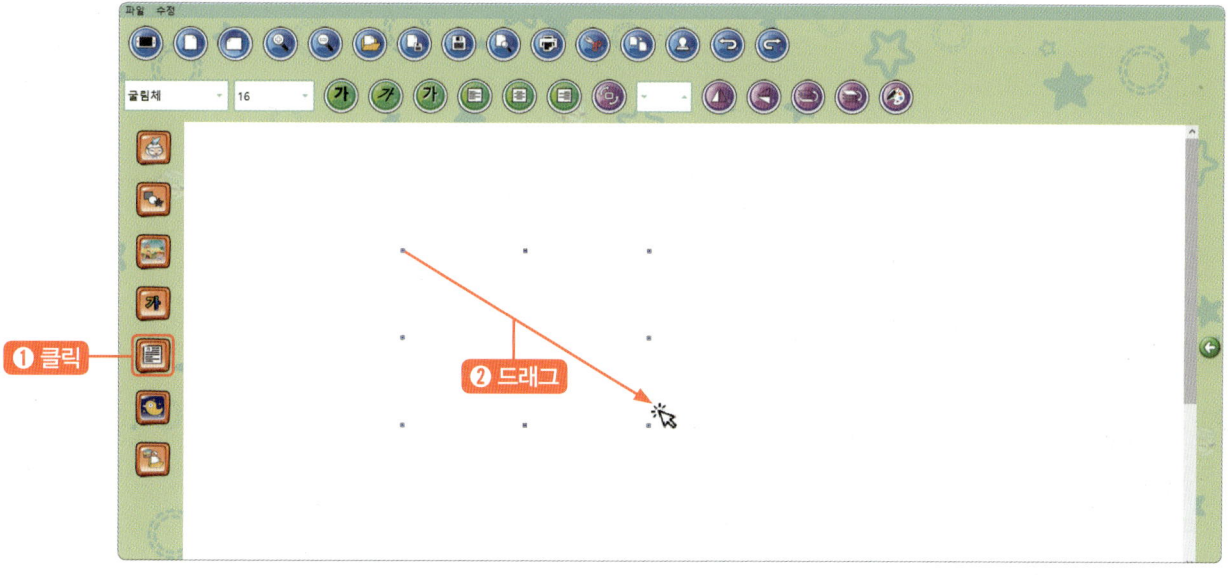

3 '글자 스티커'를 입력한 후 다시 [좌측 도구]의 [🔲 글상자]를 클릭하여 '도형 스티커'와 '캐릭터 스티커'도 입력합니다.

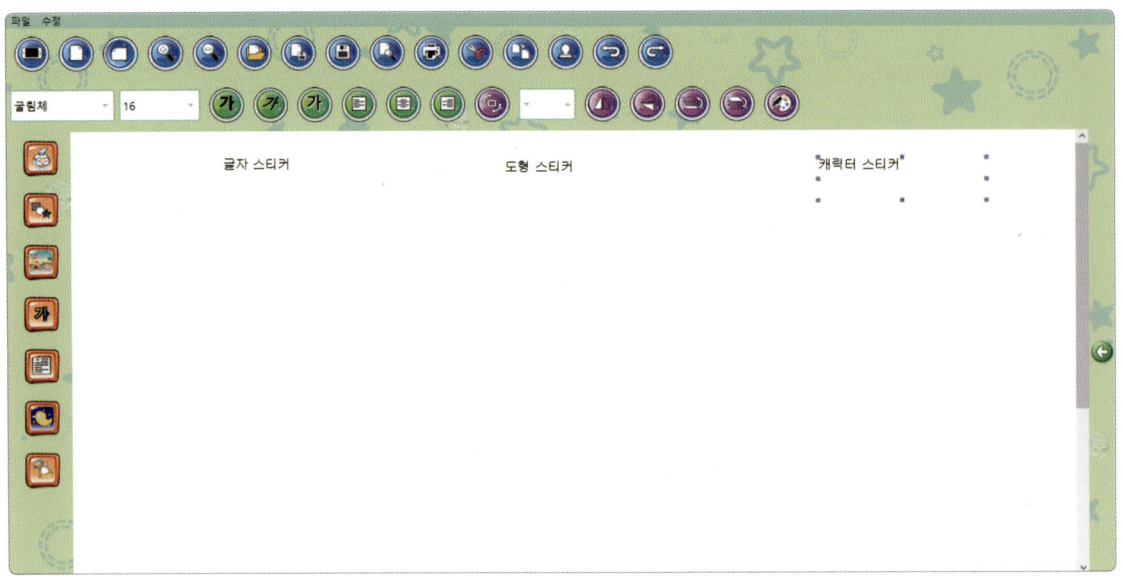

4 [상단 도구]의 '글자 서식'을 이용하여 '글자 스티커', '도형 스티커', '캐릭터 스티커'의 글꼴과 크기를 변경합니다.

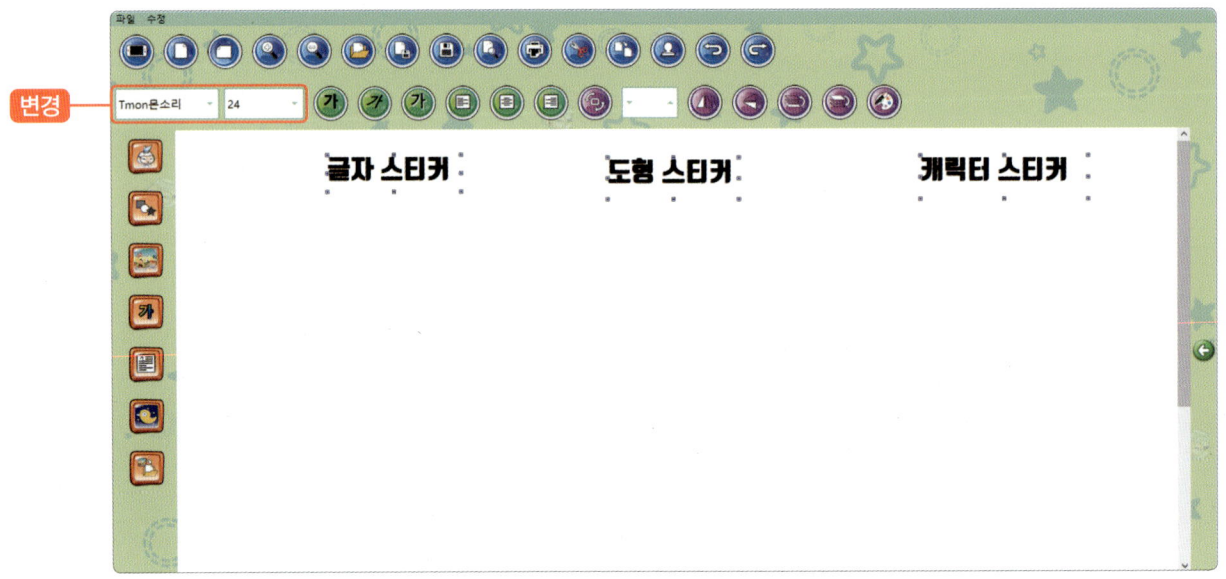

글자 서식을 변경할 때 글자 개체를 한 번에 선택하여 변경할 수 있어!
각각의 개체를 한 번에 선택하는 방법은 'Ctrl' 키를 누른 상태에서 개체들을 선택하는 거야.

5 [상단 도구]의 [가운데 맞춤]을 클릭하여 변경된 글자를 보기 좋게 정렬합니다.

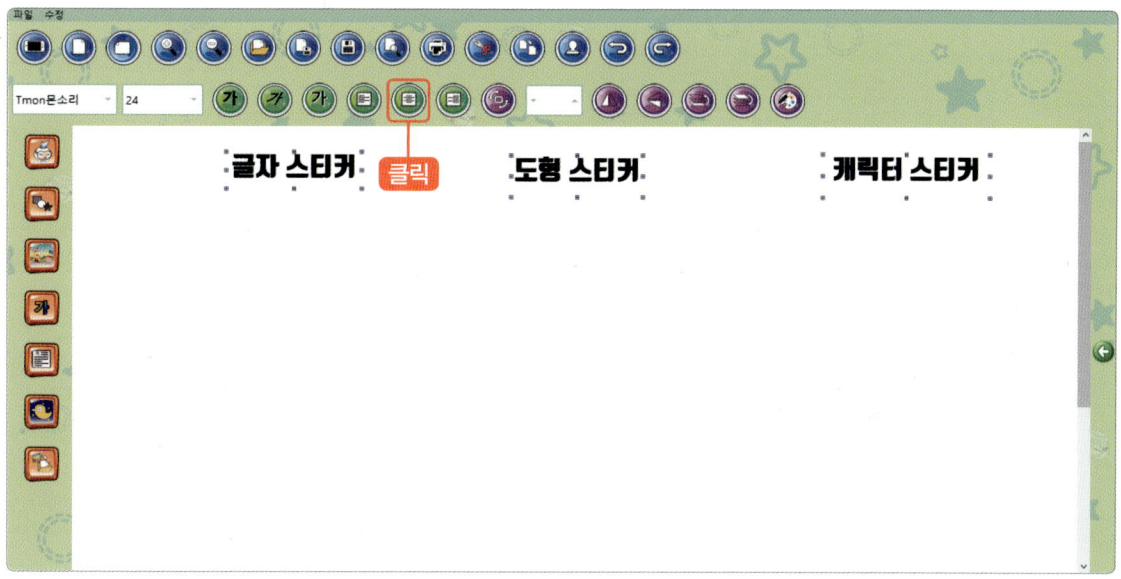

6 '글자 스티커', '도형 스티커', '캐릭터 스티커'의 그룹을 나누기 위해 [좌측 도구]의 [도형]을 클릭하고 '선 그리기'를 선택한 후 그룹 사이에 직선을 그려 넣습니다.

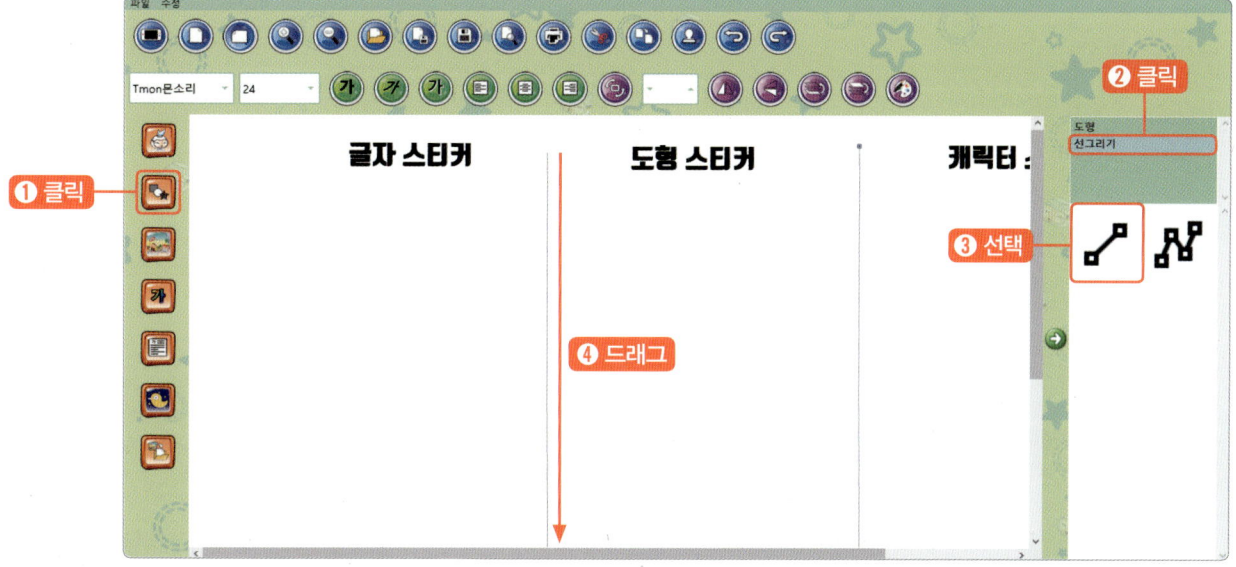

선을 그릴 때 화면이 한 눈에 보이지 않기 때문에 우선은 선을 짧게 그린 다음 '스크롤 바'로 화면을 내려 선을 선택하고 다시 드래그 하는 게 좋아!

2 스티커 이미지 추가하기

글귀 스티커를 만들기 위해 인터넷에서 이미지를 다운로드 받아 편집 창에 이미지를 추가해 봅니다.

1 인터넷 아이콘을 더블 클릭하여 인터넷 창을 실행합니다. 인터넷 창이 열리면 '캘리그래피'를 검색한 후 '카테고리' 중 '이미지'를 클릭합니다.

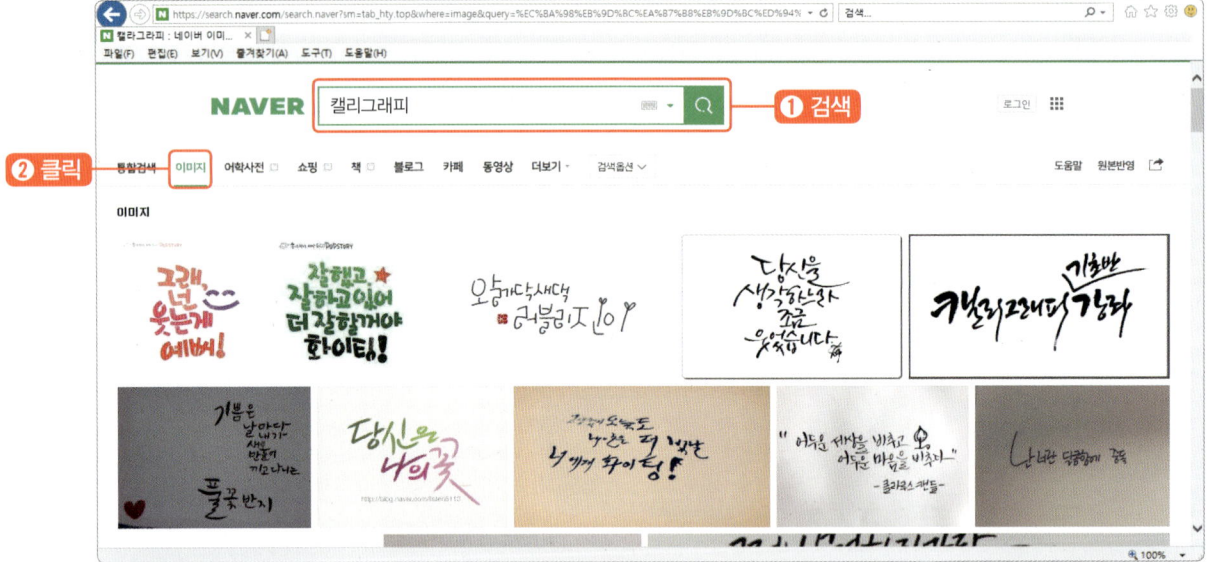

2 검색된 이미지 중 마음에 드는 이미지를 선택하고 마우스 오른쪽 버튼을 클릭한 후 '다른 이름으로 사진 저장'을 클릭하여 원하는 위치에 저장합니다.

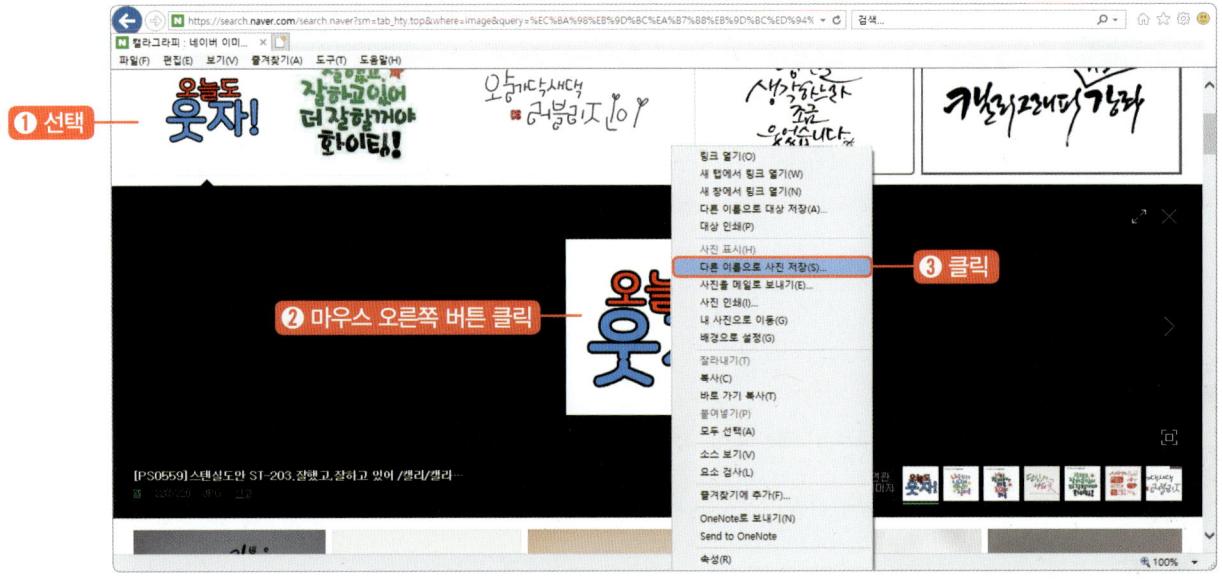

3 이와 같은 방법으로 다양한 글귀를 다운로드 받은 뒤 '별별 캐릭터 보물섬'을 활성화 시켜 [좌측 도구]의 [이미지 불러오기]를 클릭하여 '다운로드 받은 위치'에서 이미지를 선택하여 편집 창에 삽입합니다.

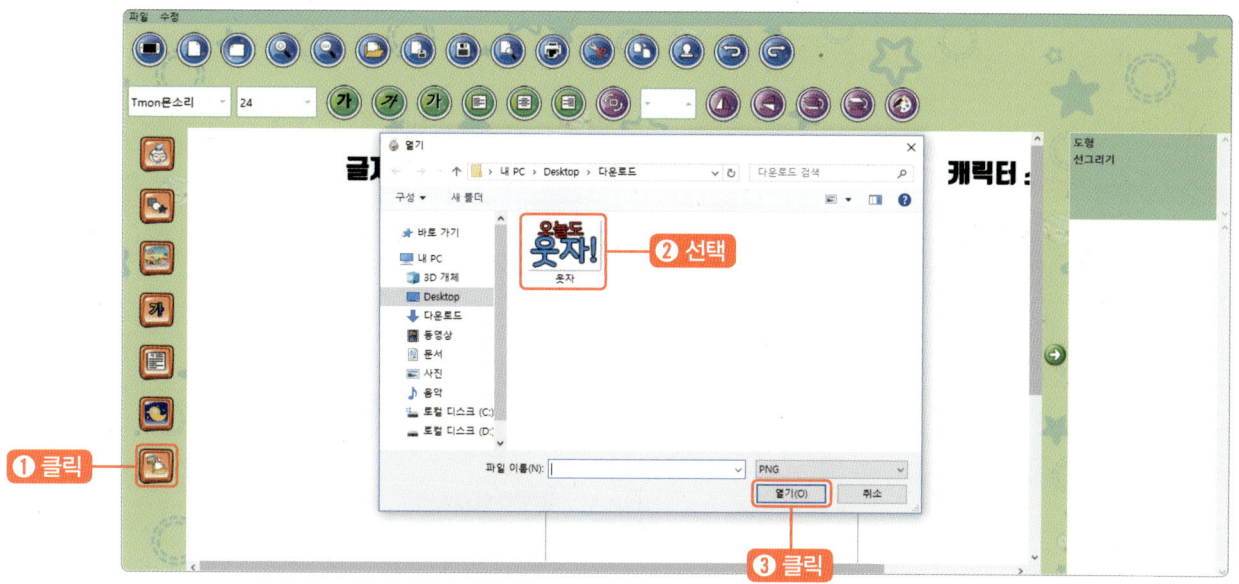

4 개체(이미지)가 추가 되면 개체의 조절점을 이용하여 크기를 조절한 후 이어서 다운로드 받은 다른 이미지들도 추가합니다.

인터넷을 검색해도 내가 원하는 글귀가 없을 때도 있어!
그럼 어떻게 하면 될까? [좌측 도구]의 [글자 꾸미기]로 내가 직접 만들면 되지!

5 [좌측 도구]의 [　 도형]과 [　 민티 스타], [　 별별 캐릭터]를 이용하여 '도형 스티커'와 '캐릭터 스티커'도 꾸며 봅니다. [　 민티 스타]에서 이미지를 가져와 스티커를 만들 때는 여러 개의 캐릭터를 섞어 다른 느낌의 스티커를 만들어 봅니다.

6 [좌측 도구]의 [　 글자 꾸미기]를 이용하여 '캐릭터 스티커'에 글귀를 추가해 봅니다.

3 스티커 사용하기

디자인한 스티커 틀을 인쇄한 후 스티커를 사용해 봅니다.

1 [상단 도구]의 [🖨 인쇄하기]를 클릭하여 디자인한 스티커를 인쇄합니다. 그 다음은 아래의 그림을 참조하여 순서대로 스티커를 완성해 봅니다.

- 라벨지로 인쇄하기 -

- 코팅하기 -

- 가위로 오리기 -

- 접착 종이 떼기 -

- 스티커 붙이기 -

- 스티커 완성 -

스티커를 프린트할 때는 일반 용지가 아닌 '라벨지'로 인쇄하면 좋아!
왜냐하면 라벨지는 뒷면이 끈적이는 스티커 용지거든!

또 만들어 볼까?

▶ 예제 파일 : 5강_다이어리 글귀 스티커 만들기

1 [좌쪽 도구]의 [🎨 글자 꾸미기]를 이용하여 '다이어리 글귀 스티커'를 만들어 봅니다.

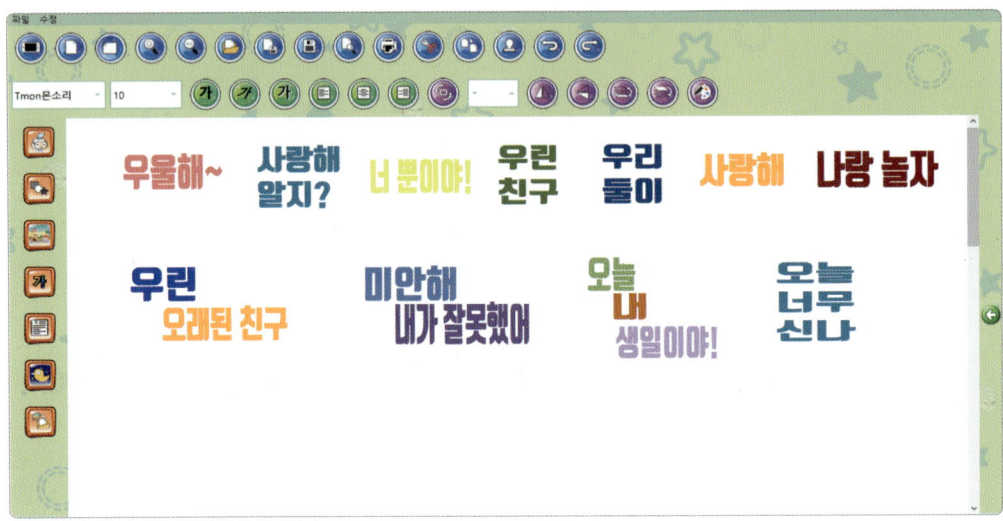

2 디자인한 '다이어리 글귀 스티커'를 프린트하여 사용하는 다이어리나 공책에 직접 붙여 봅니다.

06
나의 분신
아바타 만들기

나 '민티'는 세균들을 처리해야 하는데
혼자 일을 하니까 너무 힘들어!
나의 분신을 같이 만들어 주지 않을래?

학습목표

1. 나만의 아바타 만들기
2. 아바타 굿즈 만들기

별별 알아두면 스타

- '별별 캐릭터'의 아바타는 서로 옷을 바꿔 입을 수 있어! 너무 좋지?

1 나만의 아바타 만들기

[교육 활동] 대화 상자에서 새문서를 선택한 후 캐릭터를 불러와 상상만 하던 나의 아바타를 만들어 봅니다.

1 [별별 캐릭터 보물섬]을 실행하여 [교육 활동] 대화 상자가 나타나면 [토이랜드]-[아바타 만들기]-[새문서]를 순서대로 클릭하여 '새문서'를 실행합니다.

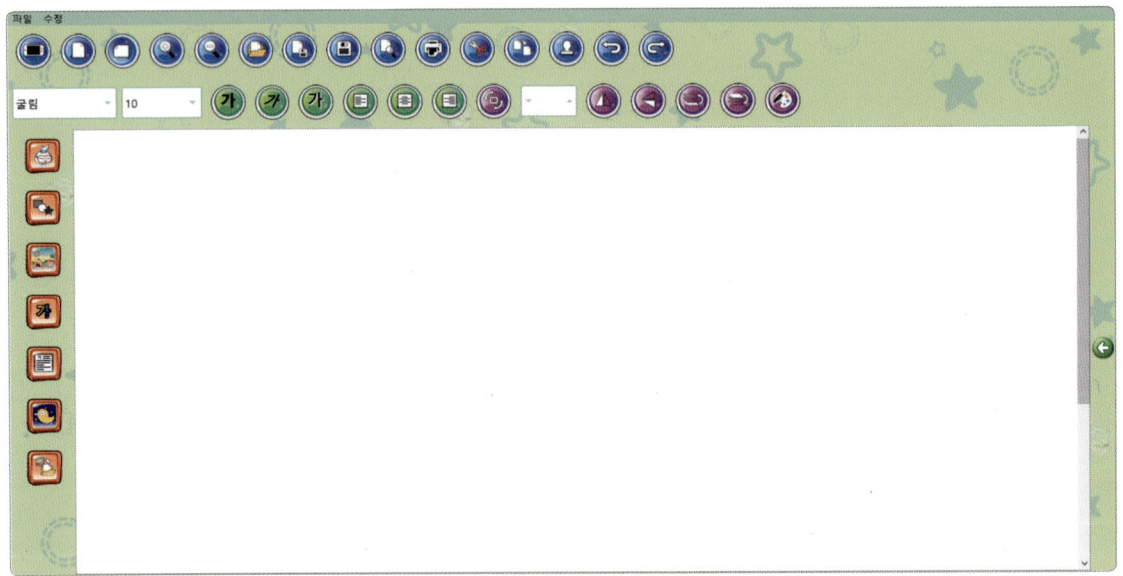

2 [좌측 도구]의 [별별 캐릭터]에서 '아바타'를 선택하여 아바타 몸을 불러와 크기를 조절합니다.

3 '아바타'에서 아바타의 '얼굴'과 '모자'를 불러와 몸 크기에 맞춰 크기를 조절합니다.

4 '아바타'에서 '옷'과 '도구'도 불러와 몸 크기에 맞춰 크기를 조절합니다.

있잖아! 나 '민티'는 맨날 입는 파란색 옷 말고 다른 옷을 입고 싶어!

5 '옷'보다 '모자'를 먼저 써버려서 '민티'의 '옷'이 '모자' 위로 올라왔습니다. 우선 '옷'을 선택한 후 [상단 도구]의 [🌑 맨 뒤로 보내기]를 클릭합니다.

6 '몸' 뒤로 숨겨진 '옷'을 '몸' 앞으로 가져오기 위해 '몸'을 선택한 후 [상단 도구]의 [🌑 맨 뒤로 보내기]를 클릭합니다.

7 다른 아바타들도 만들어 봅니다.

2 아바타 굿즈 만들기

디자인한 아바타를 인쇄하여 나만의 굿즈를 만들어 봅니다.

1 [상단 도구]의 [🖨 인쇄하기]를 클릭하여 디자인한 아바타를 인쇄합니다. 그 다음은 아래의 그림을 참조하여 순서대로 아바타 키링을 완성해 봅니다.

― 인쇄하기 ―

― 코팅하기 ―

― 가위로 오리기 ―

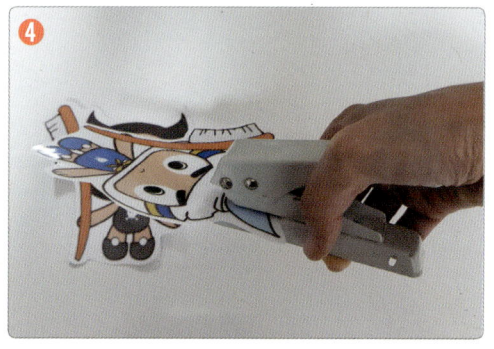
― 펀치로 구멍 뚫기 ―

― 군번줄 연결하기 ―

― 아바타 키링 완성 ―

아바타를 인쇄할 때 '라벨지'로 프린트하면 아바타 스티커를 만들 수 있고, '코팅'해서 '군번줄'에 달면 '키링'을 만들 수 있어~

또 만들어 볼까?

▶ 예제 파일 : 6강_캐릭터 소개 파일 만들기

1 새로운 아바타를 만들어 봅니다.

2 새로운 아바타를 친구들에게 소개할 수 있는 '캐릭터 소개 파일'을 만들어 봅니다.

01 랜드 미션 굿즈 디자인하기

▶ 예제 파일 : 랜드 미션_굿즈 디자인   ▶ 완성 파일 : 랜드 미션_굿즈 디자인_완성

[좌측 도구]의 '민티 스타', '별별 캐릭터', '도형'을 이용하여 굿즈를 디자인해 봅니다.

1. '랜드 미션_굿즈 디자인' 파일을 불러 [좌측 도구]의 [도형], [글자 꾸미기]와 [상단 도구]의 [회전하기]를 이용하여 '모자'를 디자인합니다.

2. 인터넷에서 다양한 이미지를 다운 받은 후 [좌측 도구]의 [이미지 불러오기]를 클릭하여 개체를 불러와 '비니'를 꾸며 봅니다.

3 [좌측 도구]의 [별별 캐릭터]를 이용하여 긴팔 티셔츠를 디자인해 봅니다.

4 [좌측 도구]의 [민티 스타]와 [도형]을 이용하여 반팔 티셔츠를 디자인해 봅니다.

5 [상단 도구]의 [🖨 인쇄하기]를 클릭하여 굿즈 디자인을 인쇄합니다. 그 다음은 아래의 그림을 참조하여 순서대로 키링을 완성해 봅니다.

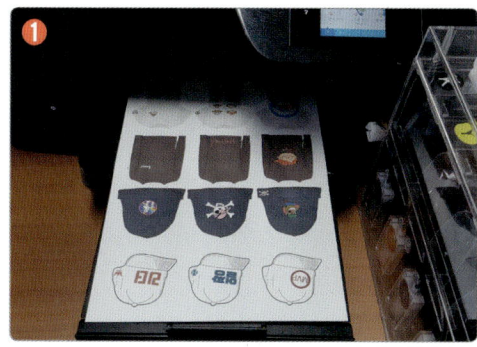
- 인쇄하기 -

- 코팅하기 -

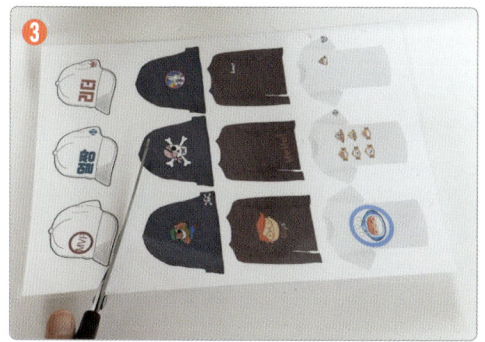
- 가위로 오리기 -

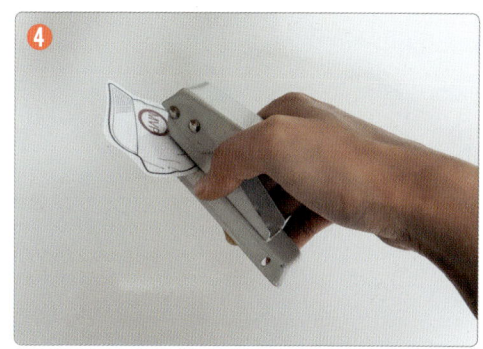
- 펀치로 구멍 뚫기 -

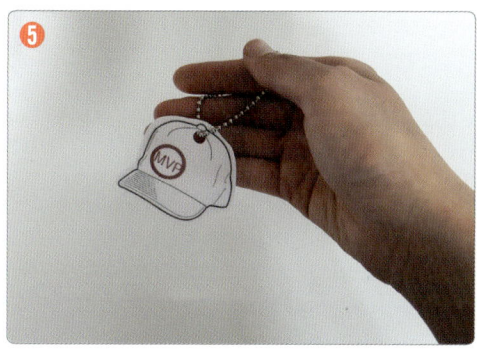
- 군번줄 연결하기 -

- 미니어처 키링 완성 -

예쁘게 디자인한 굿즈를 인쇄하면 귀여운 미니어처 키링을 만들 수 있어!

랜드 미션 01 굿즈 디자인하기 _ **069**

07

재미있는 같은 카드 찾기

나 '코콧'은 재미있는 것이라면 어디든지 날아가지!
근데 요즘 도통 재미있는 일이 없어! 우리 같은 카드 찾기라도 할래?
그러려면 카드를 만들어야 하는데, 같이 만들어 보자!

학습목표

1. 도형으로 카드 틀 만들기
2. 이미지로 카드 꾸미기
3. 카드 만들고 게임하기

별별 알아두면 스타

- 같은 카드를 만들 때 재미를 위해 그림의 좌우를 변경하면 같은 이미지라도 상대방이 헷갈릴 수 있겠지? 기억해 둬~.

① 도형으로 카드 틀 만들기

[교육 활동] 대화 상자에서 새문서를 불러와 도형으로 카드의 틀을 만들어 봅니다.

1 [별별 캐릭터 보물섬]을 실행하여 [교육 활동] 대화 상자가 나타나면 [토이 랜드]-[같은 카드 찾기]-[새문서]를 순서대로 클릭하여 '새문서'를 실행합니다.

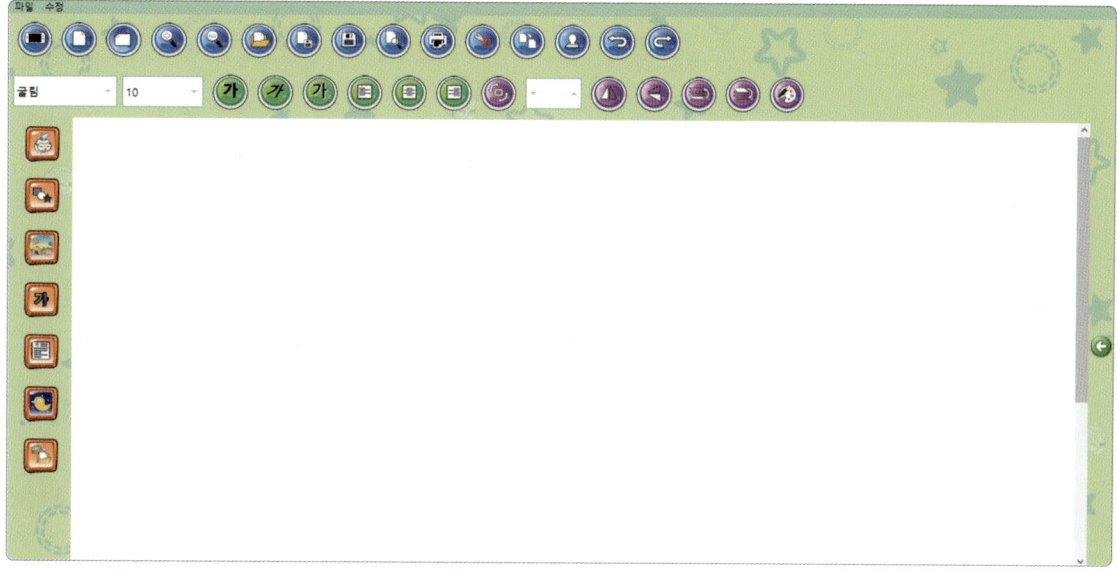

2 카드의 틀을 만들기 위해 [좌측 도구]의 [도형]에서 '도형'을 선택한 후 '사각형'을 불러와 크기를 조절한 후 복사하여 카드 틀을 8개 만듭니다.

07 재미있는 같은 카드 찾기 _ **071**

2 이미지로 카드 꾸미기

카드 틀에 도형 꾸미기를 이용하여 배경 그림을 넣고 캐릭터로 꾸며봅니다.

1 [상단 도구]의 [🎨 도형 꾸미기]를 이용하여 카드 틀에 각각 다른 배경 그림을 넣습니다.

2 [좌측 도구]의 [🤖 민티 스타]에서 'SYS 스타'를 선택하여 캐릭터를 불러와 개체의 크기를 조절한 후 [상단 도구]의 [📋 복사하기], [👤 붙여 넣기]를 이용하여 똑같은 캐릭터를 복사하여 옆 카드 틀에 붙여 넣습니다.

3 같은 이미지를 다른 이미지로 만들기 위해 붙여 넣은 '캐릭터'를 선택하고 [상단 도구]의 [🔺 좌우 반전]을 클릭합니다.

4 [좌측 도구]의 [🔵 별별 캐릭터]에서 원하는 캐릭터를 선택하고 크기를 조절하여 복사, 붙여 넣기한 후 두 카드의 같은 위치에 붙여 넣습니다.

왜 카드의 배경 그림을 다르게 할까? 그건 말이야! 카드 게임에서 혼돈을 주기 위해서야. 배경 그림까지 같다면 같은 카드를 찾기 쉬울 테니까! 우리가 하는 게임은 카드 중간에 있는 캐릭터가 똑같은 카드를 찾는 게임이거든.

5 다른 카드에도 캐릭터를 붙여 넣습니다. 단, 캐릭터는 같은 캐릭터를 2개씩 붙여 넣습니다.

6 게임을 위해 캐릭터 한 개를 제외한 나머지 캐릭터는 [상단 도구]의 [🔺 좌우 반전]이나 [◀ 상하 반전]을 클릭하여 캐릭터를 회전 시킵니다.

꼭 기억해! 게임 방법은 중간에 있는 캐릭터가 같은 카드를 찾는 거야!

3 카드 만들고 게임하기

디자인한 카드를 인쇄하고 게임을 진행해 봅니다.

1 [상단 도구]의 [🖨 인쇄하기]를 클릭하여 디자인한 카드를 인쇄합니다. 그 다음은 아래의 그림을 참조하여 순서대로 카드를 완성해 봅니다.

- 인쇄하기 -

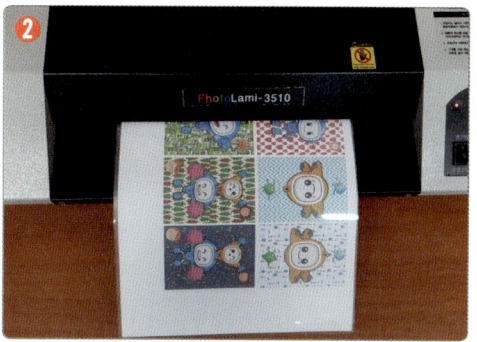
- 코팅하기 -

- 가위로 오리기 -

- 카드 섞기 -

- 카드 뒤집기 -

- 같은 카드 찾기 -

8장으로 게임을 진행하기에는 재미가 없지? 카드를 더 만들어서 게임을 진행하면 더 재미있을 거야!

또 만들어 볼까?

▶ 예제 파일 : 7강_틀린 그림찾기

1 [좌측 도구]의 [🖼 배경]을 이용하여 틀린 그림 찾기의 배경을 두 장씩 만들어 봅니다.

2 틀린 그림을 만들기 위해 2장의 같은 배경에서 [🌙 별별 캐릭터]를 이용하여 다른 부분을 만든 후 완성한 카드를 인쇄하여 친구들과 게임을 진행해 봅니다.

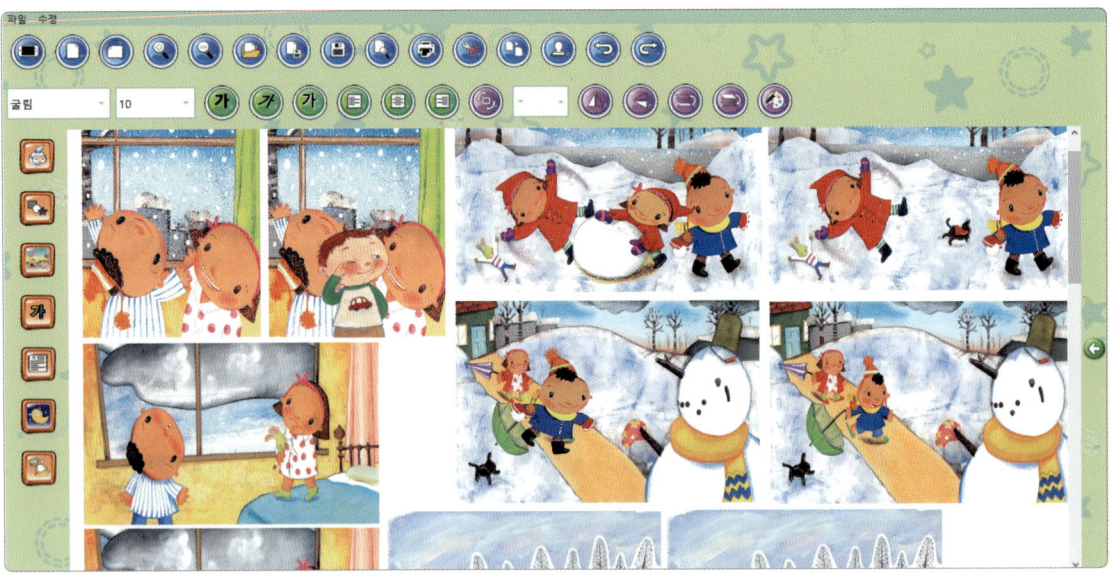

08 즐거운 시장놀이 세트 만들기

시장놀이는 돈 계산을 재미있게 배울 수 있는 게임이라고 하는데...
나 '로잉'도 시장놀이를 하고 싶어. 왜냐하면 난 아직 돈 계산하는 게 너무 어렵거든...
날 위해서 시장놀이 세트를 같이 만들어 줄래?

학습목표

1. 가상 화폐 틀 만들고 꾸미기
2. 글상자로 화폐 단위 입력하기
3. 판매 상품 만들기
4. 시장놀이 해보기

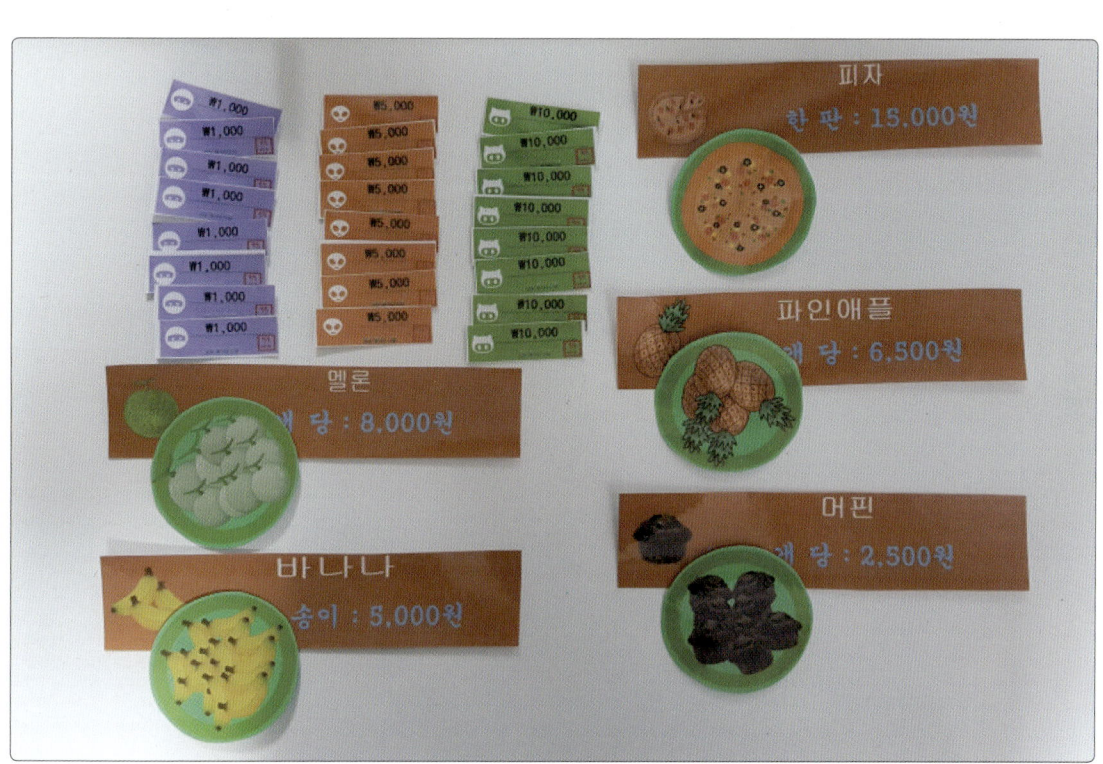

별별 알아두면 스타

- 시장놀이에 필요한 과일 카드에 표시할 과일을 회전시켜 배치하면 과일이 더 풍성하게 보일거야! 회전하는 방법을 꼭 기억해!

1 가상 화폐 틀 만들고 꾸미기

[교육 활동] 대화 상자에서 새문서를 불러와 도형으로 가상 화폐 틀을 만들어 봅니다.

1 [별별 캐릭터 보물섬]을 실행하여 [교육 활동] 대화 상자가 열리면 [토이 랜드]-[시장놀이 만들기]-[새문서]를 순서대로 클릭하여 '새문서'를 실행합니다.

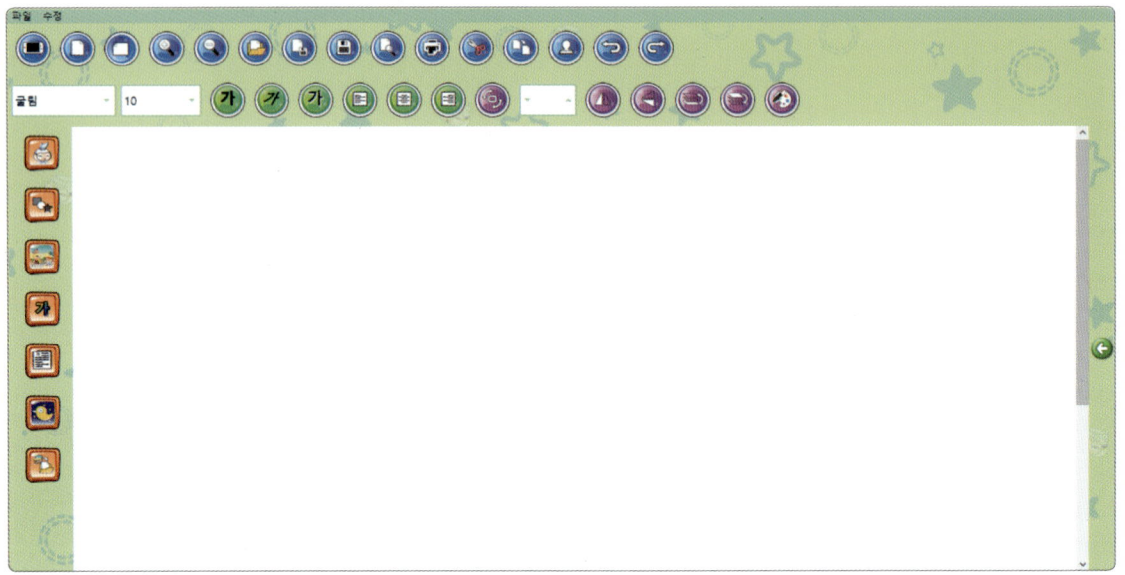

2 가상 화폐 틀을 만들기 위해 [좌측 도구]의 [도형]을 이용하여 틀을 만들어 봅니다.

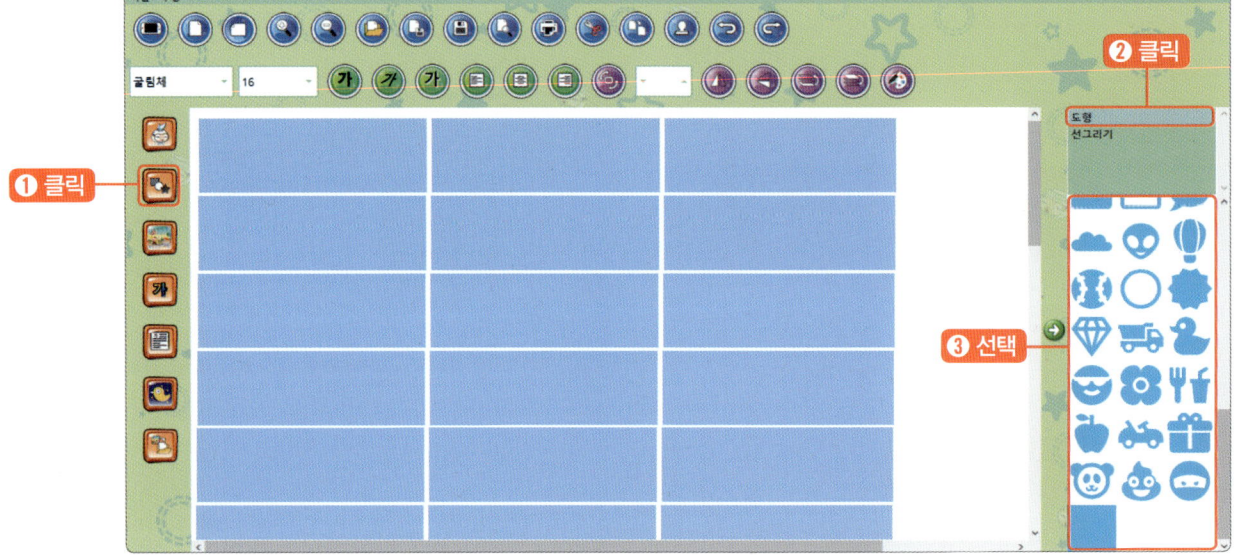

3 [좌측 도구]의 [도형]과 [상단 도구]의 [도형 꾸미기]를 이용하여 1,000원, 5,000원, 10,000원 틀을 디자인해 봅니다.

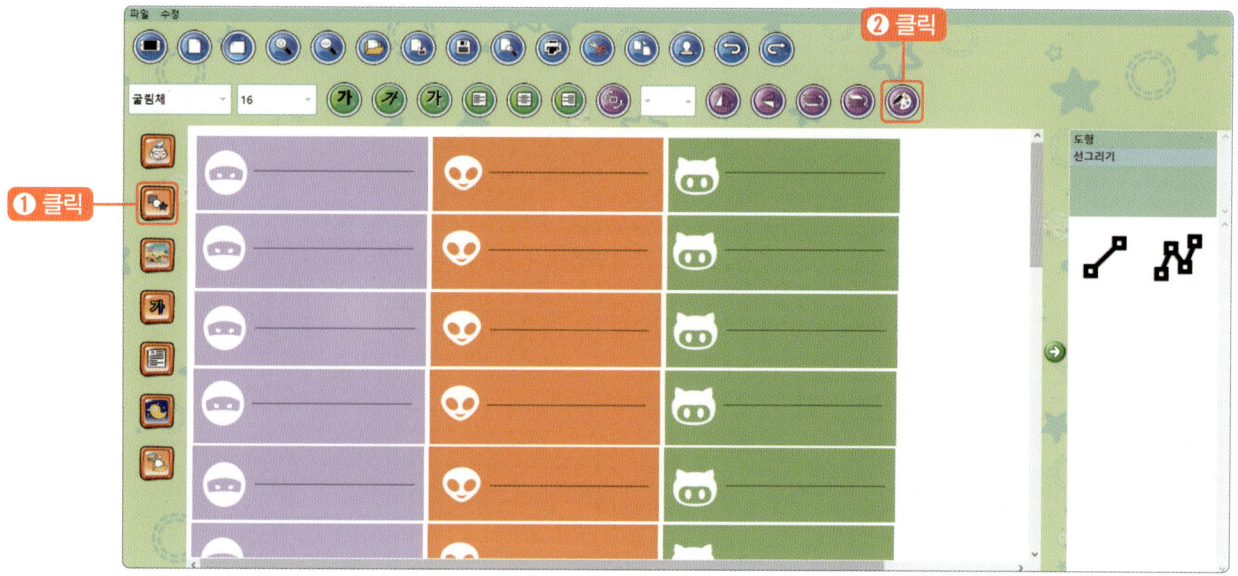

4 화폐에 별별 캐릭터 도장을 찍기 위해 [좌측 도구]의 [이미지 불러오기]를 클릭하여 '8강_별별 캐릭터 도장' 파일을 불러옵니다.

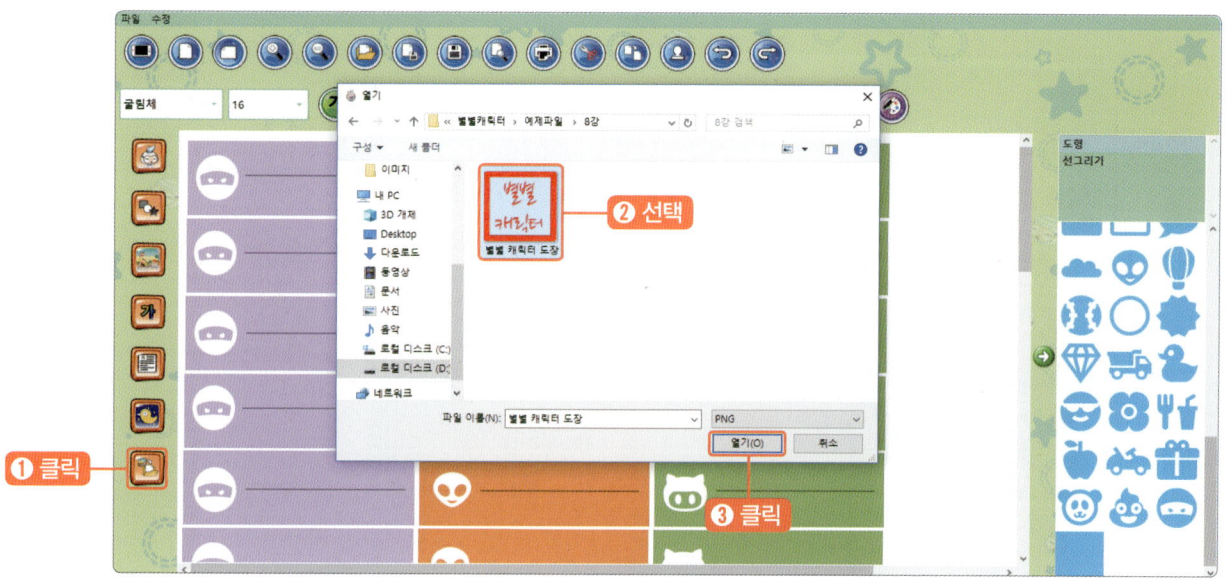

5 '별별 캐릭터 도장'의 크기를 조절한 후 복사하여 화폐마다 도장을 찍습니다.

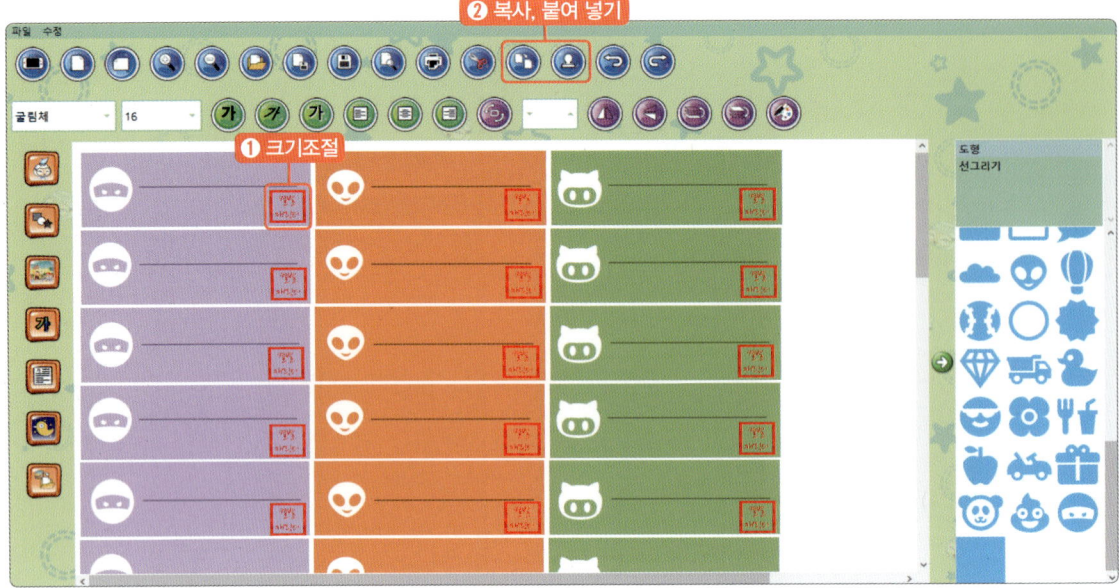

6 [좌측 도구]의 [가 글자 꾸미기]를 이용하여 '별별 캐릭터 은행'을 입력한 후 [그라데이션]을 적용한 뒤 복사하여 화폐마다 붙여 넣습니다.

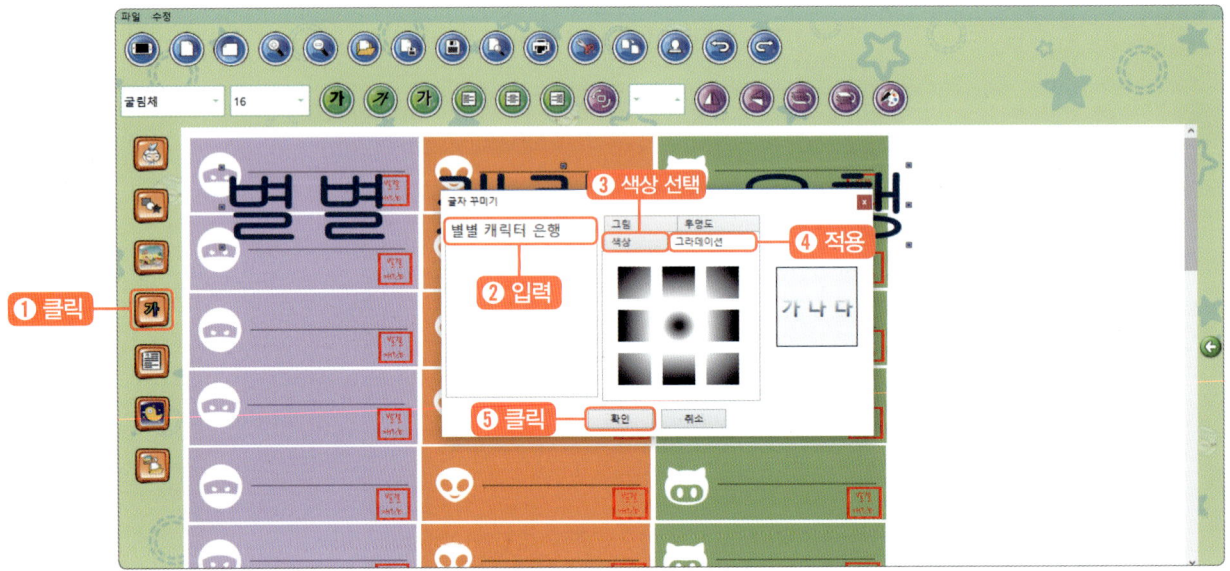

'그라데이션'을 적용하는 방법 알려줄까?

[가 글자 꾸미기] 속성 '그라데이션'은 '색상'에서 먼저 색을 선택한 후, '그라데이션'을 적용해야 해!

2 글상자로 화폐 단위 입력하기

글상자를 이용하여 가상 화폐에 단위를 입력해 봅니다.

1 [좌측 도구]의 [📋 글상자]를 이용하여 화폐의 단위를 입력한 후 [상단 도구]의 '글꼴 서식'을 이용하여 글자를 꾸밉니다.

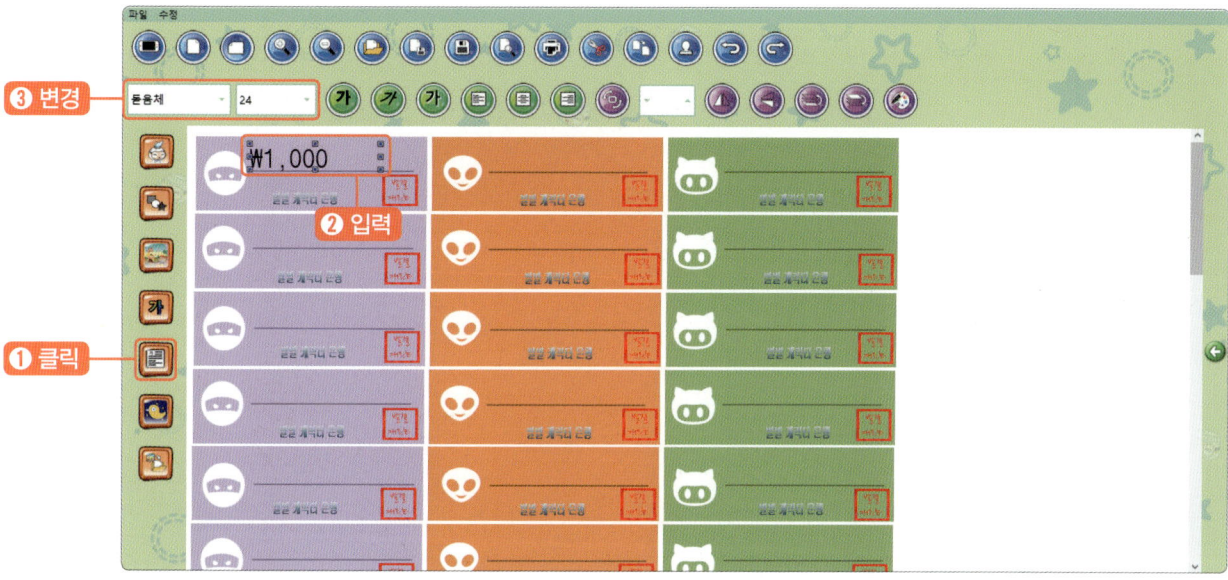

2 입력된 화폐 단위를 [≡ 가운데 맞춤]을 클릭하여 정렬하고 [가 굵게]를 클릭한 후 복사하여 화폐마다 붙여 넣습니다.

3 판매 상품 만들기

도형을 이용하여 시장놀이에서 판매할 상품을 만듭니다.

1 판매 상품을 만들기 위해 [좌측 도구]의 [🖼 도형]을 클릭하여 접시를 만들어 꾸며 봅니다.

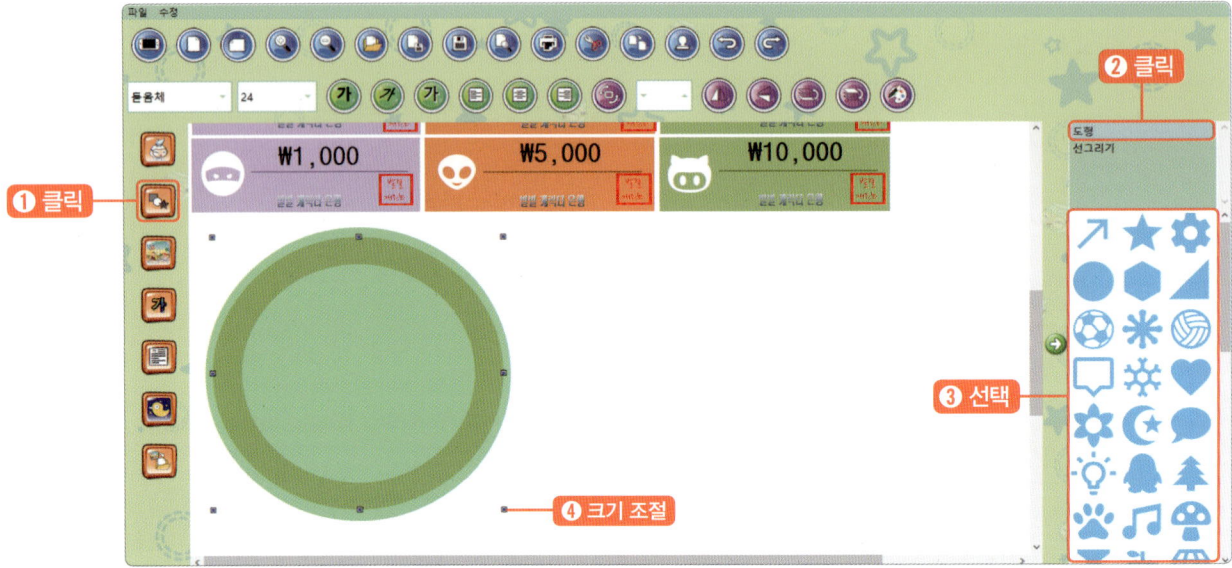

2 접시 위에 상품을 올리기 위해 [좌측 도구]의 [🌙 별별 캐릭터]를 클릭한 후 '먹거리' 항목에서 이미지를 불러옵니다.

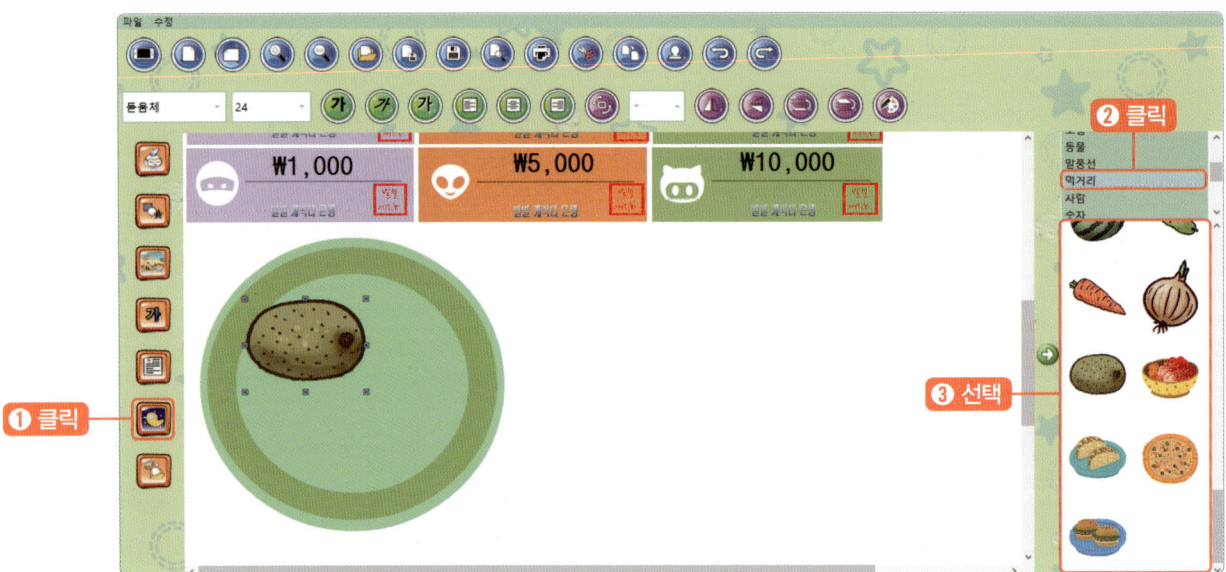

3 접시 위 상품을 보기 좋게 하기 위해 [상단 도구]의 [🔄 회전하기]의 '회전' 입력 칸에 회전할 각도를 직접 입력하여 개체를 회전 시킨 뒤 상품을 접시 위에 푸짐하게 올립니다.

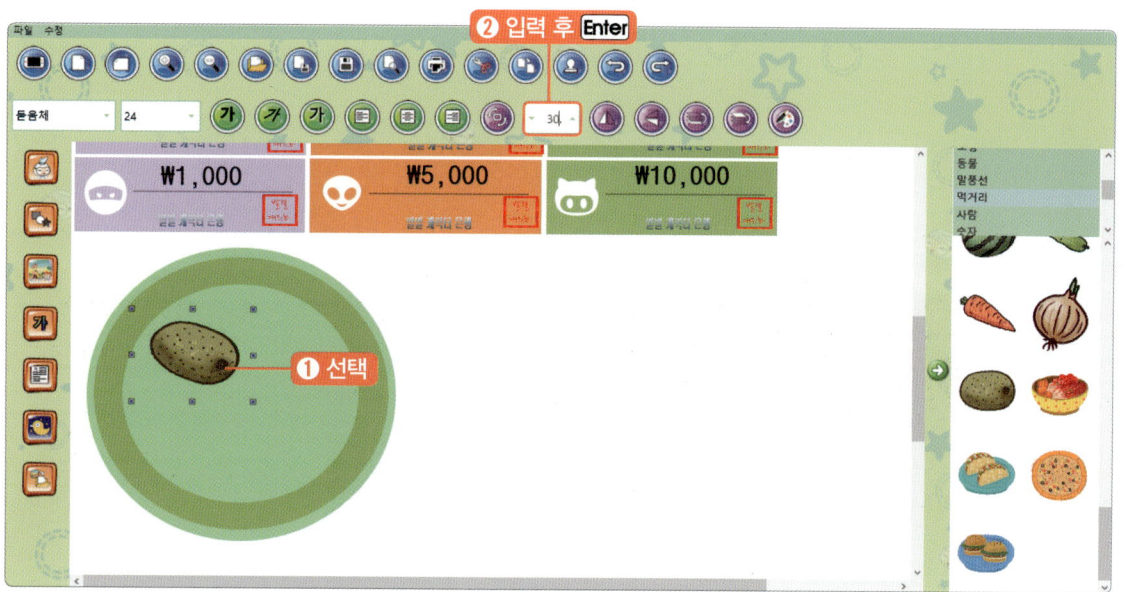

4 위와 같은 방법으로 다양한 상품을 완성합니다.

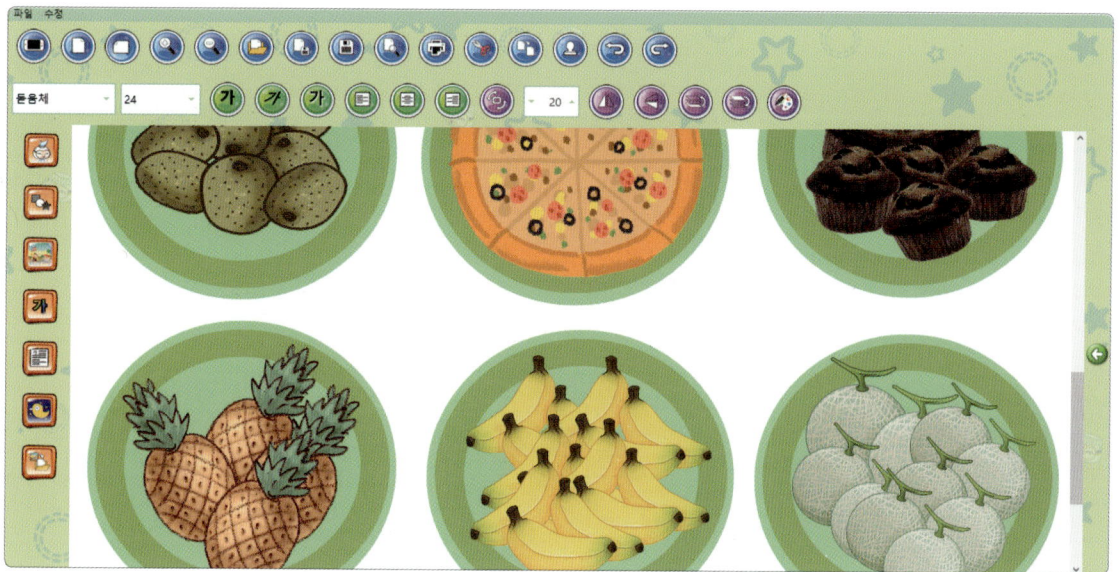

원하는 상품이 없다면 인터넷에서 다운 받아와도 돼~.

4 시장놀이 해보기

디자인한 가상 화폐와 상품을 인쇄하여 친구와 시장놀이를 진행해 봅니다.

1 [상단 도구]의 [🖨 인쇄하기]를 클릭하여 디자인한 가상 화폐와 상품을 인쇄합니다. 그 다음은 아래의 그림을 참조하여 순서대로 시장놀이에 필요한 준비물을 만들어 봅니다.

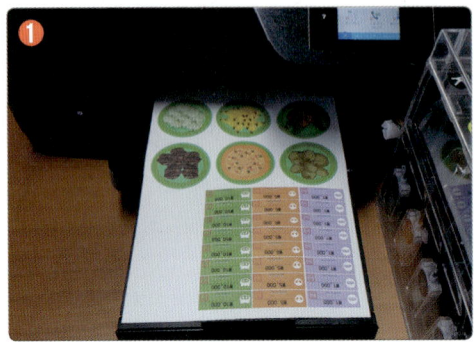
- 인쇄하기 -

- 코팅하기 -

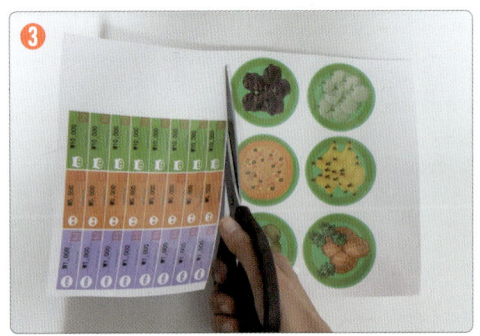
- 가위로 오리기 -

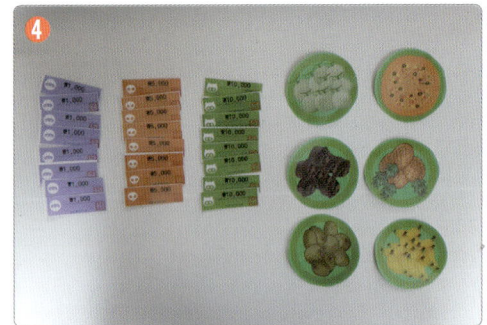
- 시장놀이 세트 완성 -

화폐를 인쇄할 때는 보통 종이로 인쇄해도 되는데, 상품은 두꺼운 종이로 인쇄하는 게 실제 상품처럼 단단한 느낌을 줄 수 있어서 좋아~

또 만들어 볼까?

▶ 예제 파일 : 8강_메뉴판 만들기

1 시장놀이를 할 때, 상품의 가격을 알려주는 메뉴판을 꾸며 봅니다.

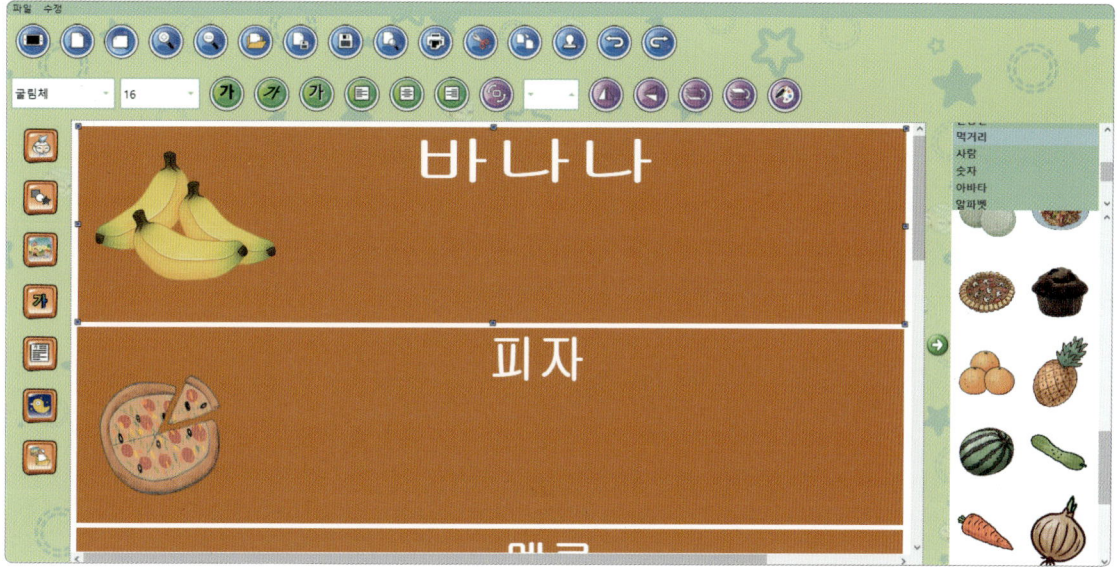

2 [글상자]를 이용하여 메뉴판에 가격을 적어봅니다.

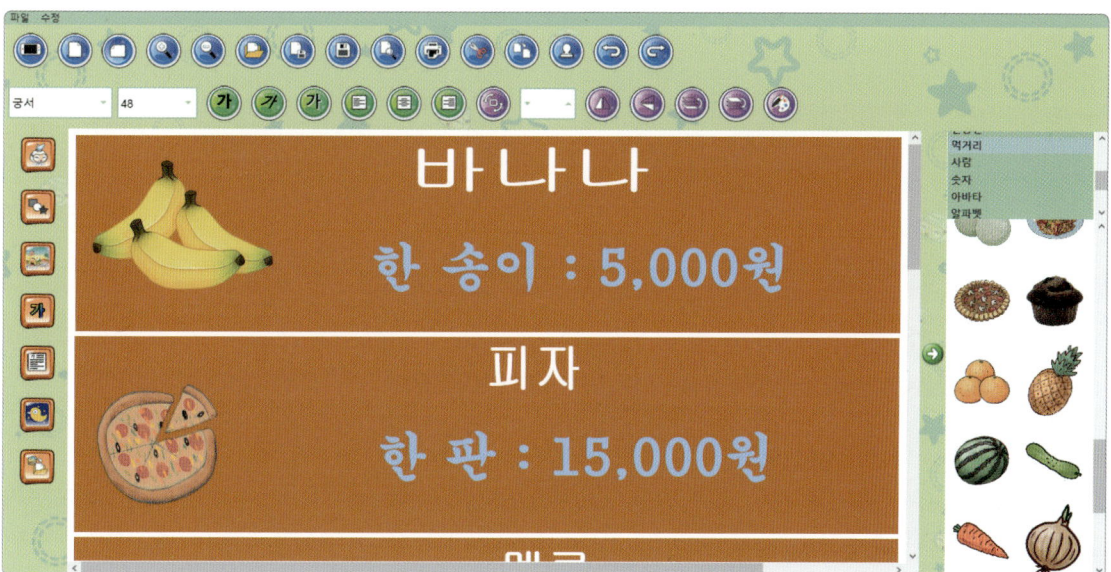

02 랜드 미션 숫자 카드 만들기

▶ 예제 파일 : 랜드 미션_숫자 카드 만들기   ▶ 완성 파일 : 랜드 미션_숫자 카드 만들기_완성

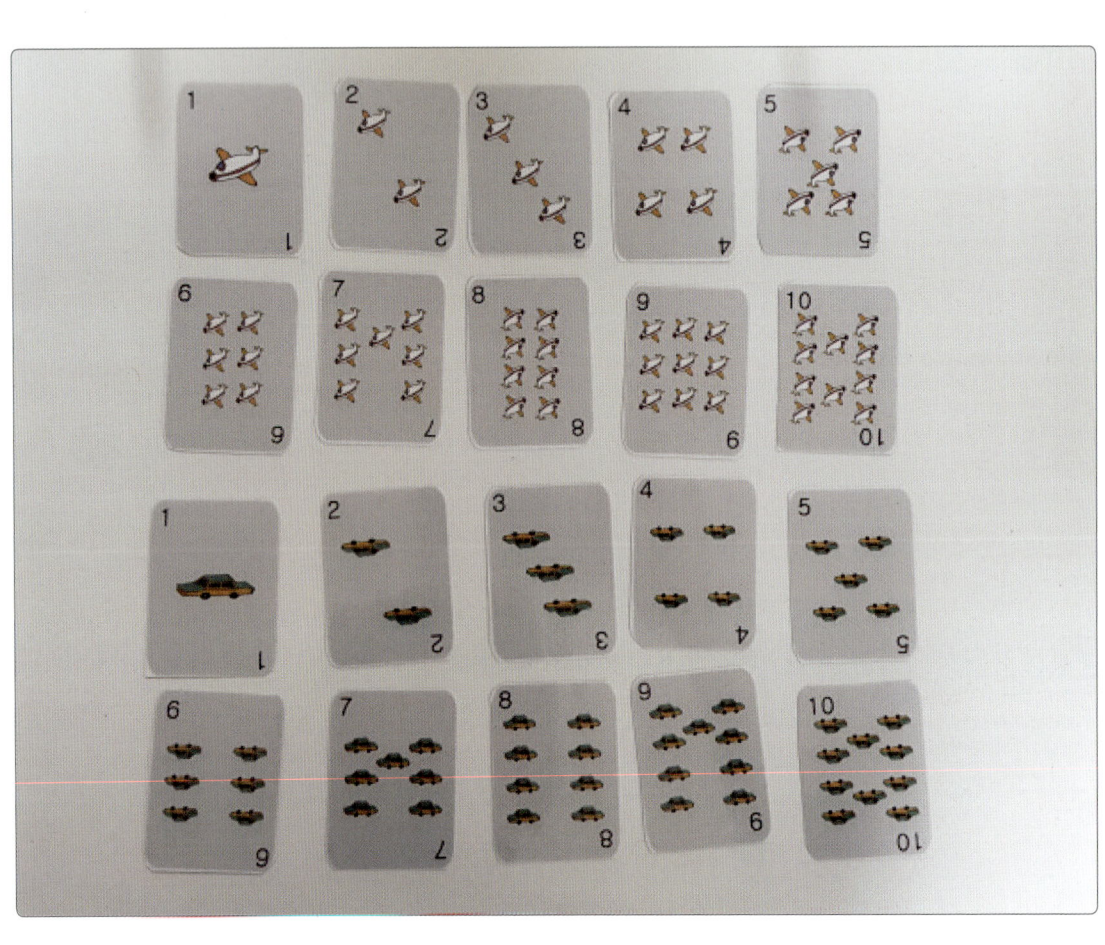

[좌측 도구]의 '별별 캐릭터', '도형'을 이용하여 숫자 카드를 만들어 봅니다.

1 '랜드 미션_숫자 카드 만들기' 파일을 불러와 [좌측 도구]의 [도형]을 이용하여 카드 틀 20개를 만들어 봅니다.

2 [좌측 도구]의 [글상자]를 이용하여 도형 모서리에 숫자(1~10)를 입력하고 아래쪽 숫자는 [상단 도구]의 [상하 반전]을 클릭하여 숫자를 반전 시킵니다.

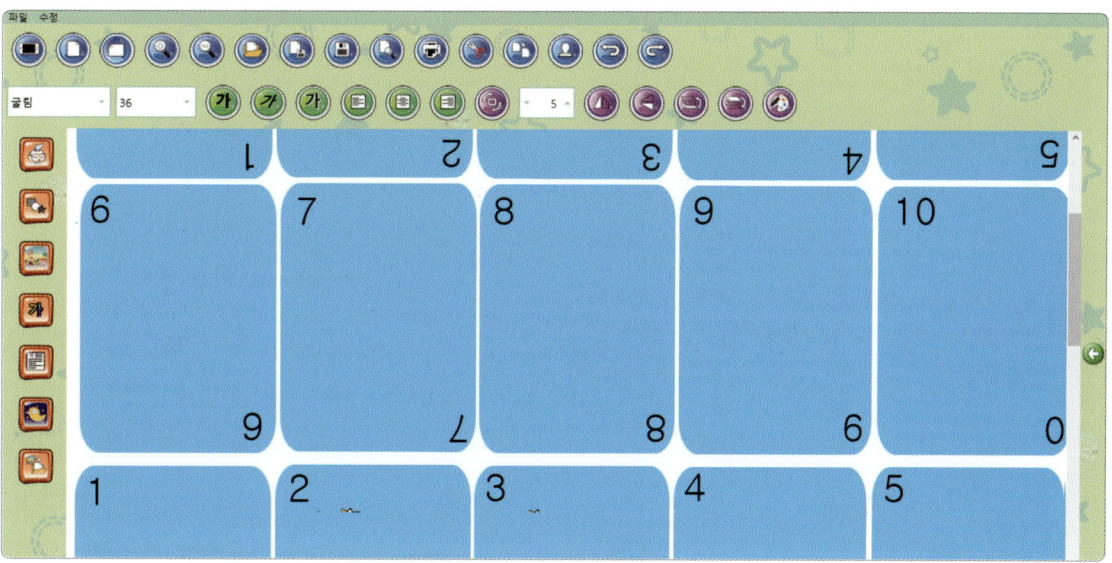

입력한 숫자를 하나씩 복사하여 상하 반전 시키면 시간이 오래 걸리겠지?
복사한 숫자를 전부 선택하고 상하 반전 시키면 한 번에 반전 시킬 수 있어.

3 [좌측 도구]의 [별별 캐릭터]를 이용하여 입력한 숫자에 맞춰 캐릭터를 불러 옵니다. 단, 1부터 10까지 같은 캐릭터를 이용하여 채우고 그 다음 1~10까지 또 같은 캐릭터로 채웁니다.

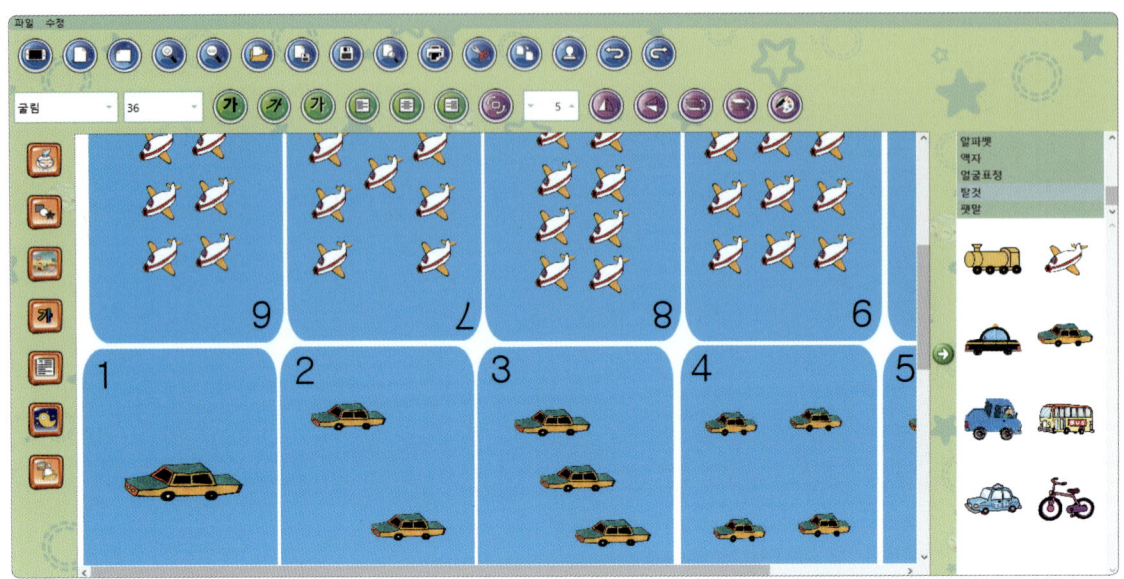

4 카드 틀 색상을 한 번에 변경하기 위해 'Ctrl'키를 누르고 카드 틀을 전부 선택한 후 [상단 도구]의 [도형 꾸미기]를 이용하여 색상을 변경해 봅니다.

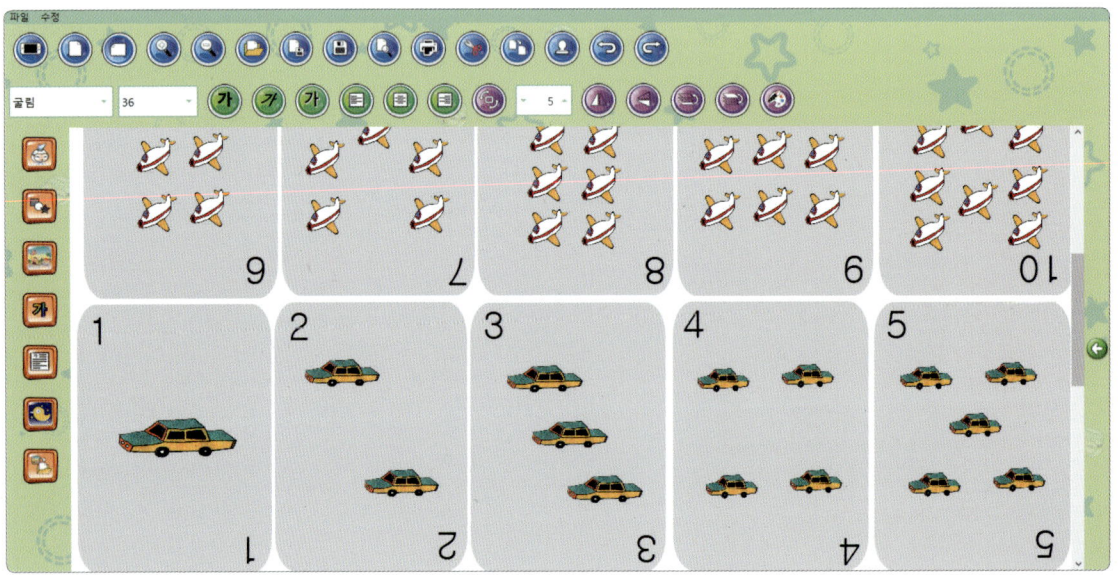

5 [상단 도구]의 [🖨 인쇄하기]를 클릭하여 디자인한 숫자 카드를 인쇄합니다. 그 다음은 아래의 그림을 참조하여 순서대로 숫자 카드를 만들어 봅니다.

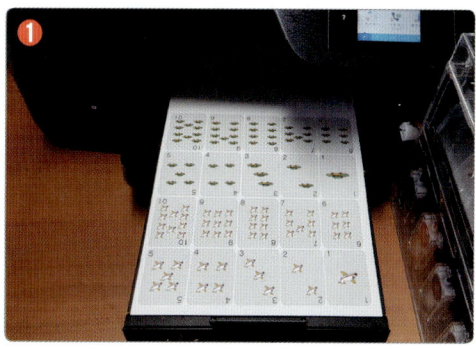
- 인쇄하기 -

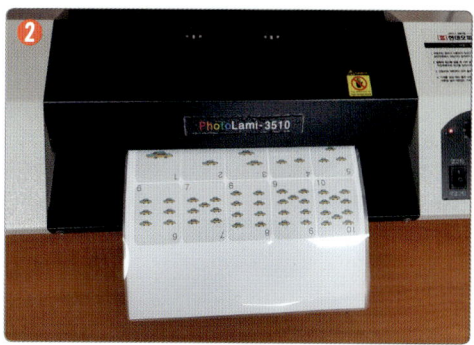
- 코팅하기 -

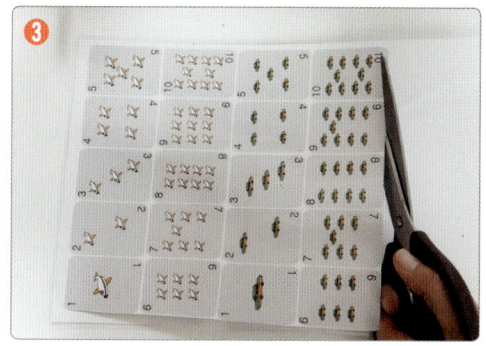
- 가위로 오리기 -

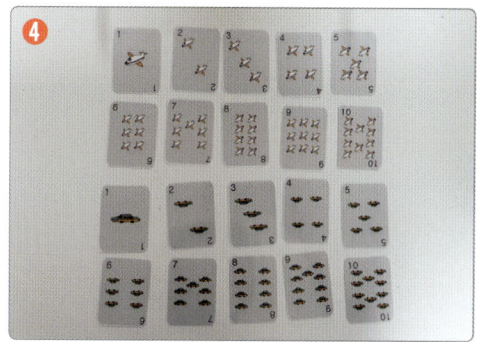
- 숫자 카드 완성 -

숫자 카드는 약간 두꺼운 종이로 프린트하는 게 좋아!

Making 03
해피 페이퍼

- **09** 우정 쿠폰 만들기
- **10** 생일 초대장 만들기
- ★ 해피 미션 01

- **11** 캐릭터 편지지 만들기
- **12** 나만의 동화책 만들기
- ★ 해피 미션 02

09 쿠폰 만들기

우정

있지! 고향에서 연락이 왔는데, 내 소꿉친구 '꾸누니'가 생일이래!
그래서 나 '퀴퀴'는 '꾸누니'한테 생일 선물로 쿠폰을 보내려고 하는데,
어떻게 만들어야 할지 감이 오지 않아... 나랑 같이 쿠폰 만들래?

학습목표

1. 도형으로 쿠폰 틀 만들기
2. 글자 꾸미기로 쿠폰 내용 적기
3. 쿠폰 만들기

별별 알아두면 스타

- 도형은 방향을 바꿔서 사용할 수 있어. 그럼 더 다양한 모양을 만들 수 있겠지?
  꼭 기억해. 도형은 방향을 바꿀 수 있다는 걸!

1 도형으로 쿠폰 틀 만들기

[교육 활동] 대화 상자에서 새문서를 불러와 도형으로 쿠폰 틀을 만들어 봅니다.

1 [별별 캐릭터 보물섬]을 실행하여 [교육 활동] 대화 상자가 열리면 [해피 페이퍼]-[쿠폰 만들기]-[새문서]를 순서대로 클릭하여 '새문서'를 실행합니다.

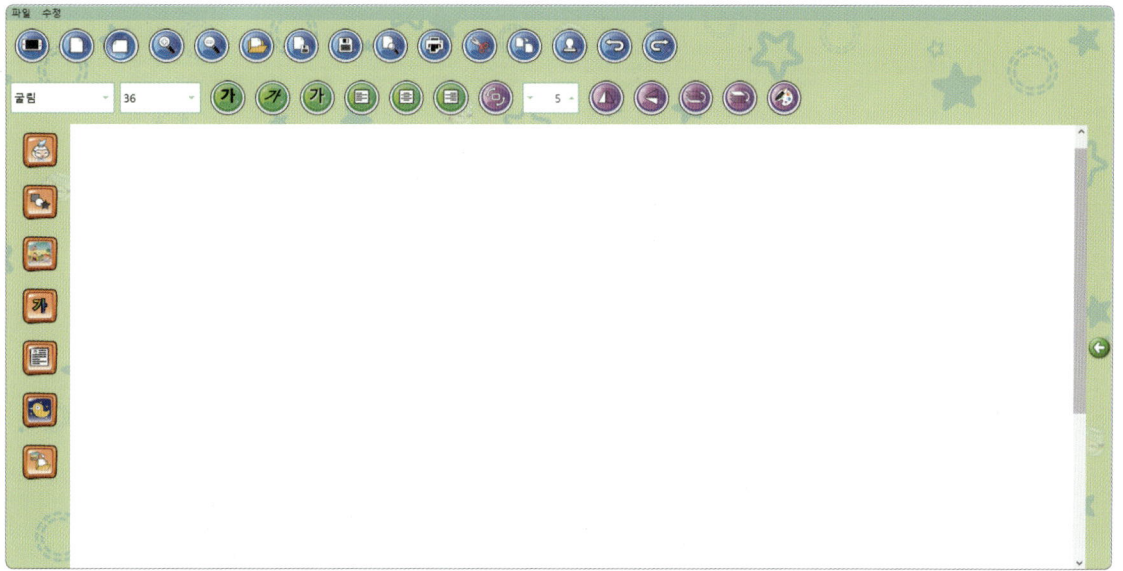

2 [좌측 도구]에서 [도형]을 이용하여 쿠폰 틀을 만들고 [상단 도구]의 [도형 꾸미기]를 이용하여 도형의 색상을 변경한 뒤 복사하여 작업창을 채웁니다.

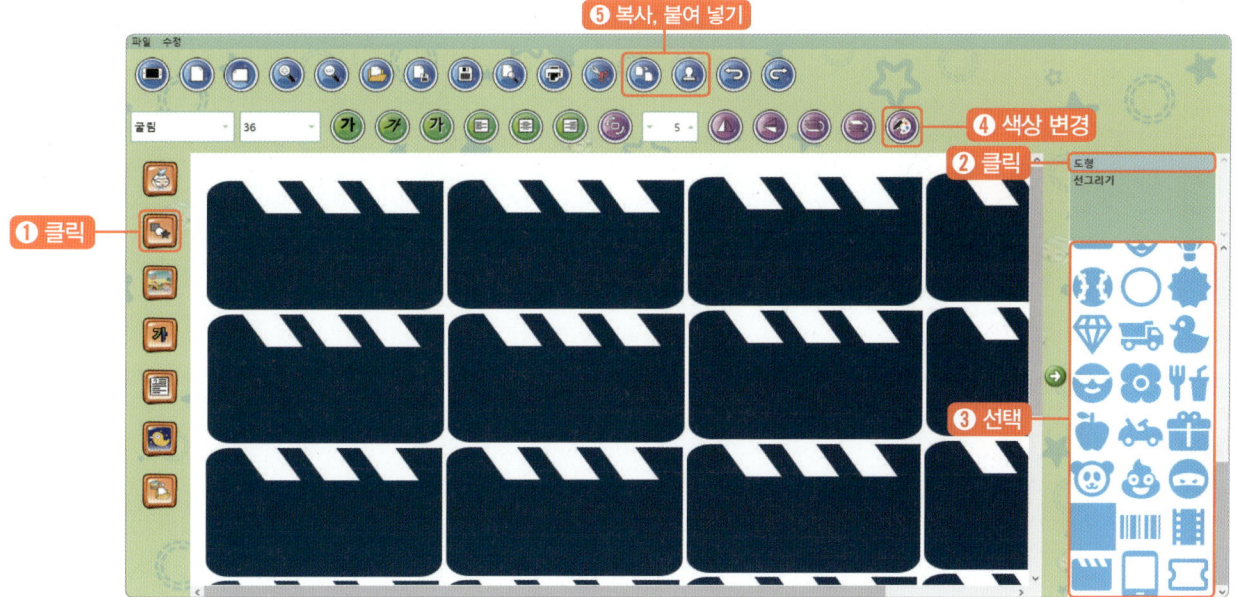

3 쿠폰을 상품처럼 표현하기 위해 [좌측 도구]의 [도형]에서 바코드를 불러옵니다.

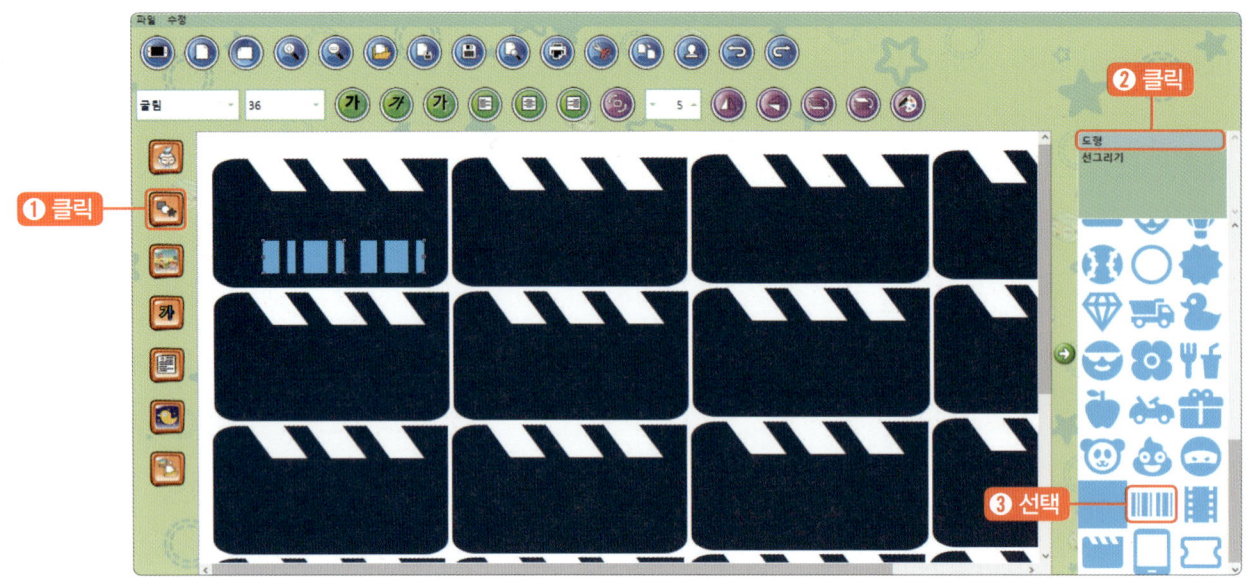

4 바코드의 방향을 바꾸기 위해 [상단 도구]의 [회전하기]를 클릭하고, 바코드의 크기를 조절한 후, [도형 꾸미기]로 색상을 변경합니다. 변경한 바코드를 복사하여 모든 쿠폰에 붙여 넣습니다.

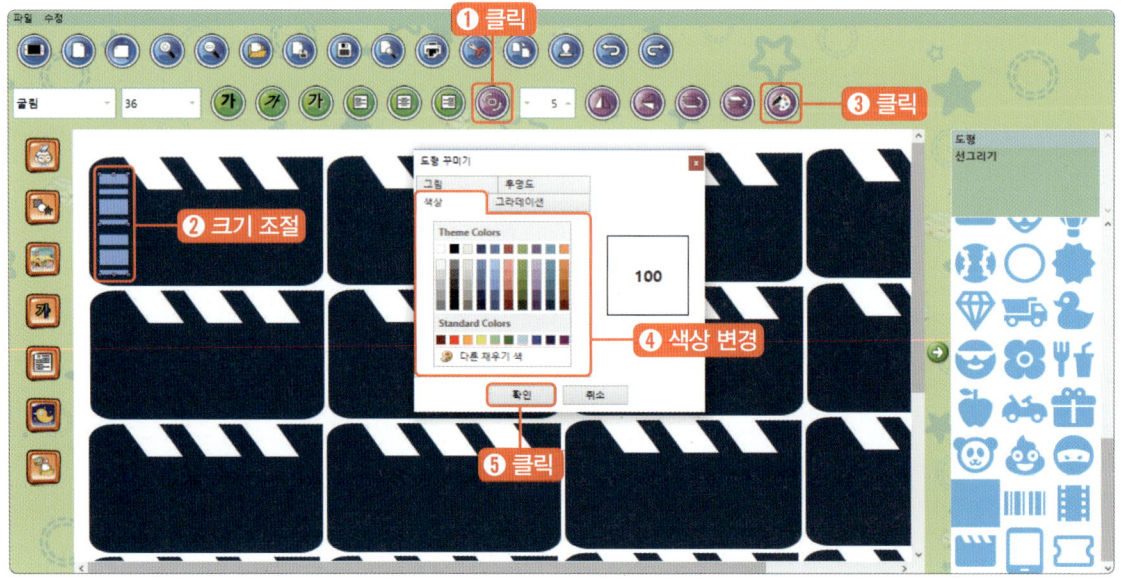

 도형을 회전하면 크기와 모양이 바뀌니까 도형을 회전하려면 크기도 꼭 같이 바꿔야 해.

5 쿠폰 내용을 적을 공간을 [좌측 도구]의 [도형]을 이용하여 만들고, [상단 도구]의 [도형 꾸미기]로 색상을 변경합니다.

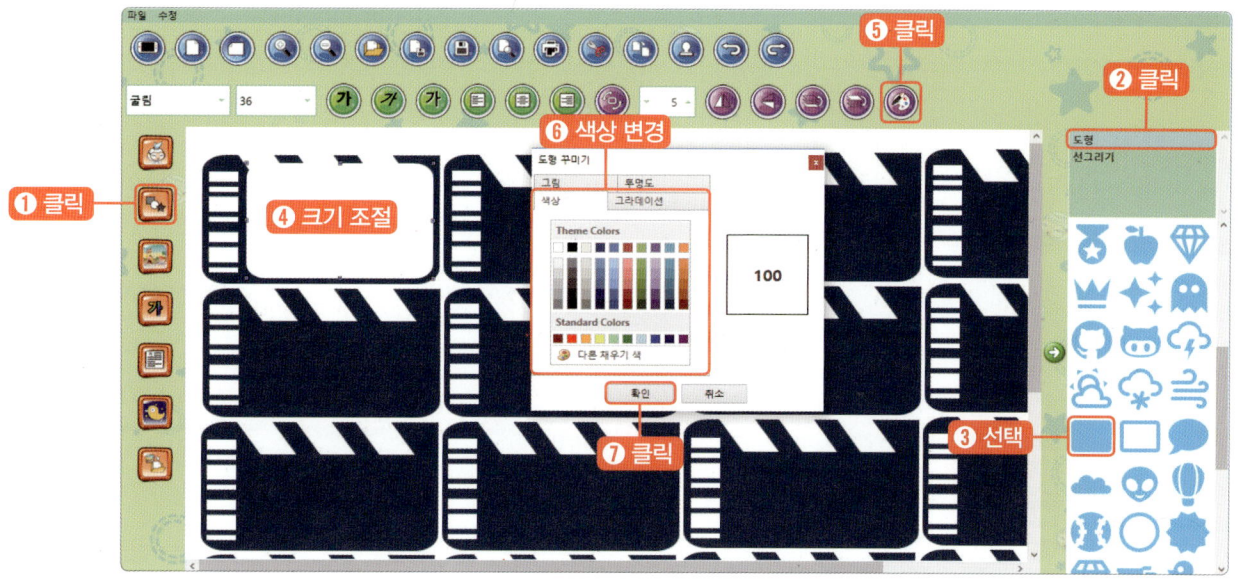

6 변경된 도형을 [상단 도구]의 [복사하기]와 [붙여 넣기]를 이용하여 도형을 붙여 넣습니다.

2 글자 꾸미기로 쿠폰 내용 적기

글자 꾸미기를 이용하여 쿠폰에 유효 기간과 쿠폰 내용을 입력해 봅니다.

1 유효 기간을 입력하기 위해 [좌측 도구]의 [가 글자 꾸미기]를 클릭하여 유효 기간을 입력하고 글자 색을 변경합니다.

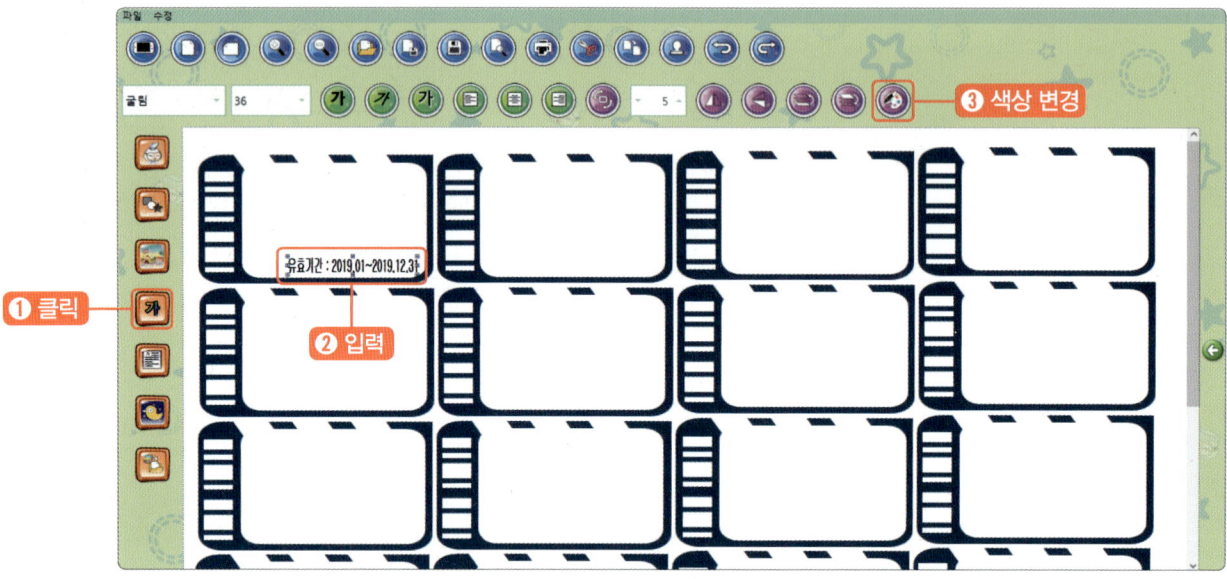

2 쿠폰 내용을 입력하기 위해 [좌측 도구]의 [가 글자 꾸미기]를 클릭하여 내용을 입력하고 글자 색을 변경합니다. 글자 크기를 쿠폰에 맞춰 조절합니다

3 입력한 '쿠폰 내용'을 선택한 후 [상단 도구]의 [글자 서식]을 이용하여 '글꼴'을 변경합니다.

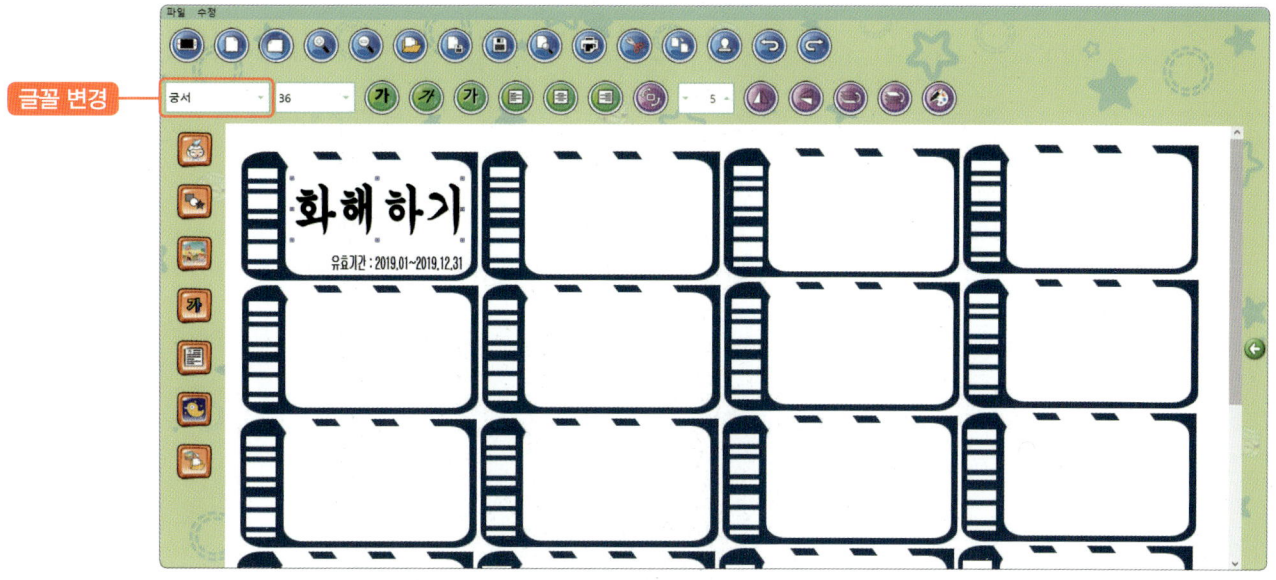

4 '유효 기간'과 '쿠폰 내용'을 선택한 후 복사하여 쿠폰 전체에 붙여 넣고 내용을 전부 바꿉니다.

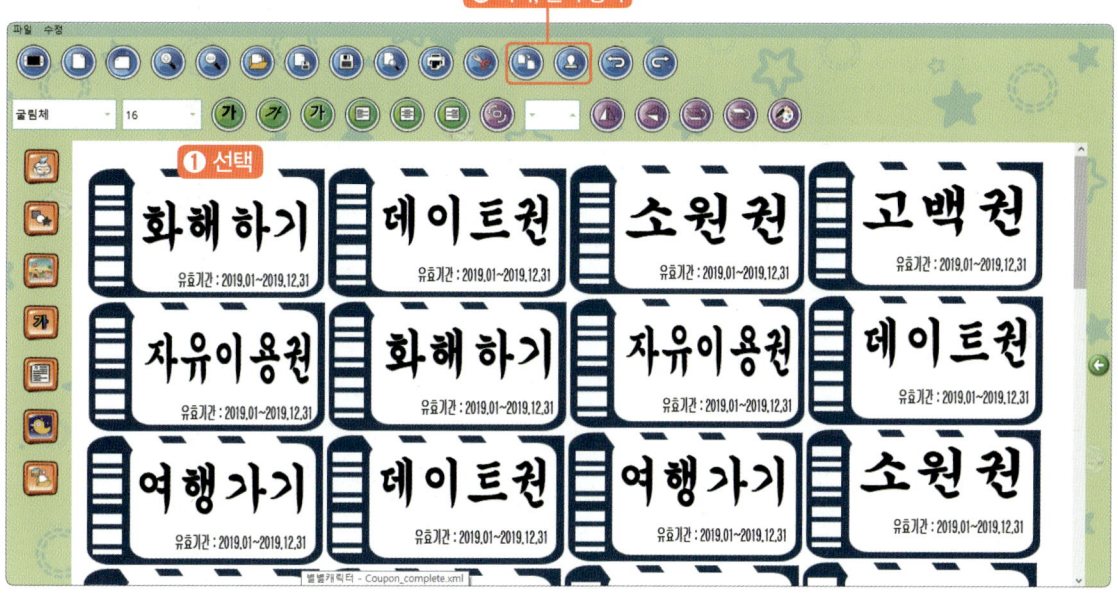

글자 꾸미기의 내용을 바꾸려면, 바꾸려는 글자를 선택하고 마우스 오른쪽 버튼을 클릭하면 돼.

3 쿠폰 만들기

디자인한 쿠폰을 인쇄하여 친구에게 선물해 봅니다.

1 [상단 도구]의 [🖨 인쇄하기]를 클릭하여 디자인한 쿠폰을 인쇄합니다. 그 다음은 아래의 그림 순서대로 쿠폰을 잘라 친구에게 선물해 봅니다.

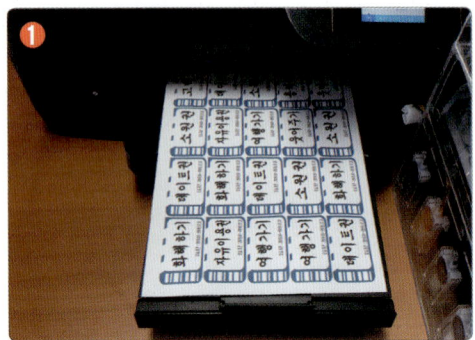
– 인쇄하기 –

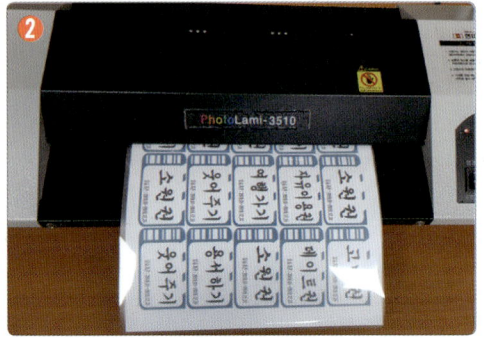
– 코팅하기 –

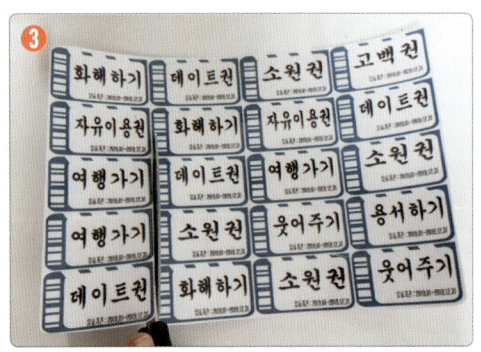
– 가위로 오리기 –

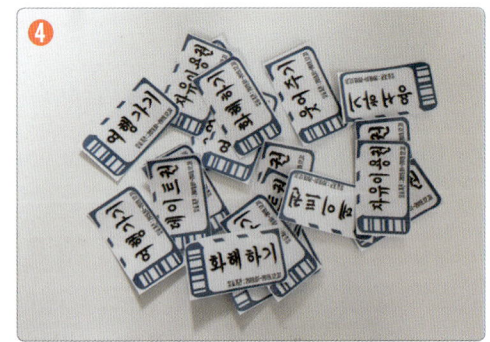
– 쿠폰 완성 –

쿠폰을 인쇄할 때 색이 들어간 A4 용지로 인쇄하면 다른 느낌의 쿠폰을 만들 수 있어!

또 만들어 볼까?

▶ 예제 파일 : 9강_쿠폰 봉투 만들기

1 [좌측 도구]의 [도형]과 [상단 도구]의 [도형 꾸미기]를 이용하여 '쿠폰 봉투'를 만들어 봅니다.

2 완성한 '쿠폰 봉투'를 프린트하여 쿠폰 봉투를 완성합니다. 앞서 본문에서 만든 쿠폰을 봉투에 담아 봅니다.

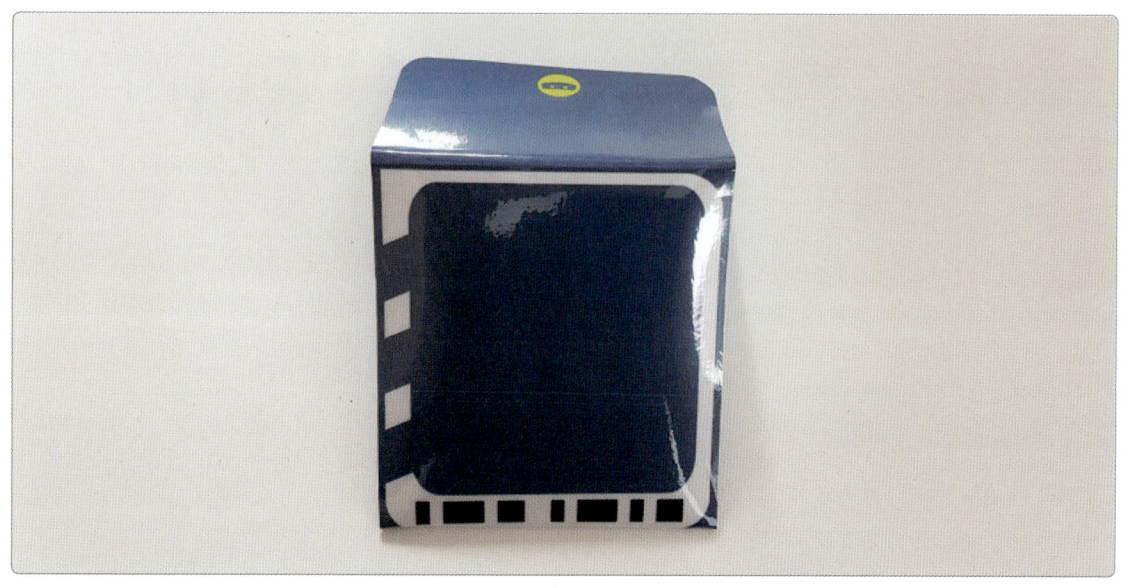

10
생일 초대장 만들기

얘들아, 들어봐 봐! 며칠 뒤면 나 '로스카'가 태어난 날이야!
그래서 친구들을 초대하려 하는데 양이 너무 많아서 걱정이야.
나랑 같이 만들어 줄 수 있어?

학습목표

1. 도형으로 초대장 틀 만들기
2. 이미지를 불러와 테두리 꾸미기
3. 도형으로 초대장 꾸미기
4. 글상자로 초대 글 입력하기
5. 초대장 완성하기

 **별별 알아두면 스타**

- 도형의 배경색을 흐리게 하는 방법을 꼭 기억해!

1 도형으로 초대장 틀 만들기

[교육 활동] 대화 상자에서 새문서를 불러와 도형으로 초대장 틀을 만들어 봅니다.

1 [별별 캐릭터 보물섬]을 실행하여 [교육 활동] 대화 상자가 열리면 [해피 페이퍼]-[초대장 만들기]-[새문서]를 순서대로 클릭하여 '새문서'를 실행합니다.

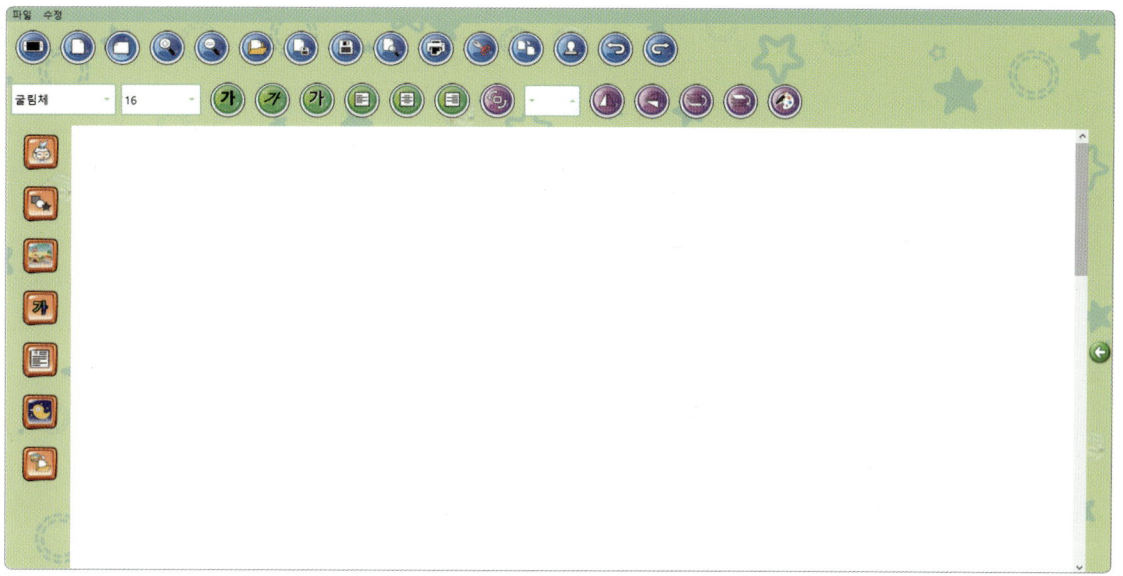

2 [좌측 도구]에서 [도형] 기능으로 초대장 틀을 만듭니다.

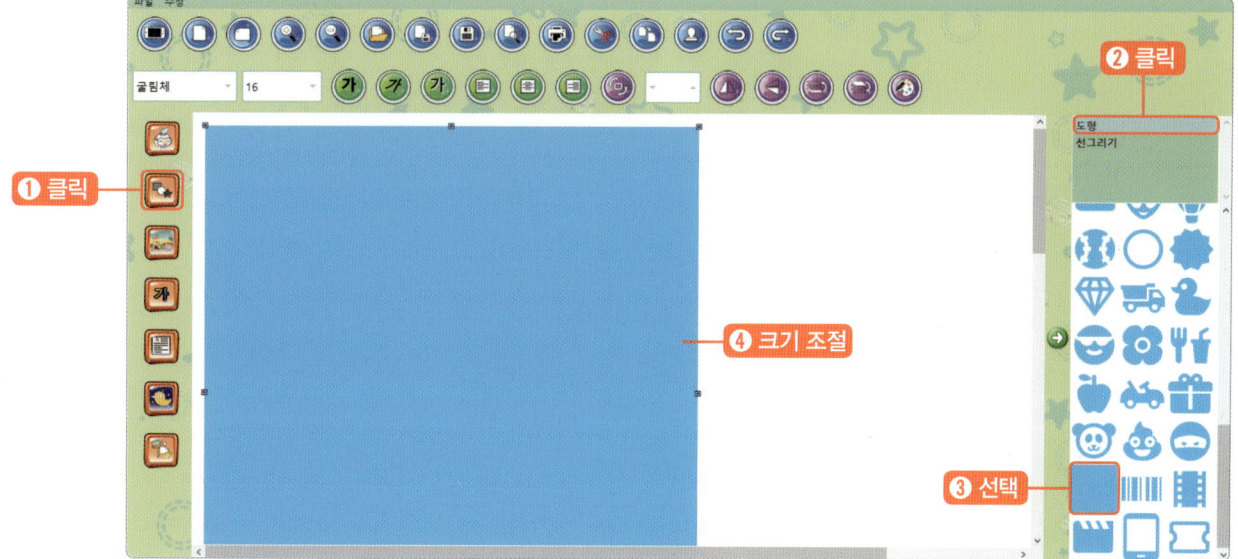

3 초대장의 배경색을 흐리게 하기 위해 [상단 도구]의 [도형 꾸미기]에서 먼저 '색상'을 클릭하여 초대장의 배경 색을 채운 뒤 '투명도'를 클릭하고 '투명도 조절 바'를 움직여 투명도를 '50'으로 변경합니다.

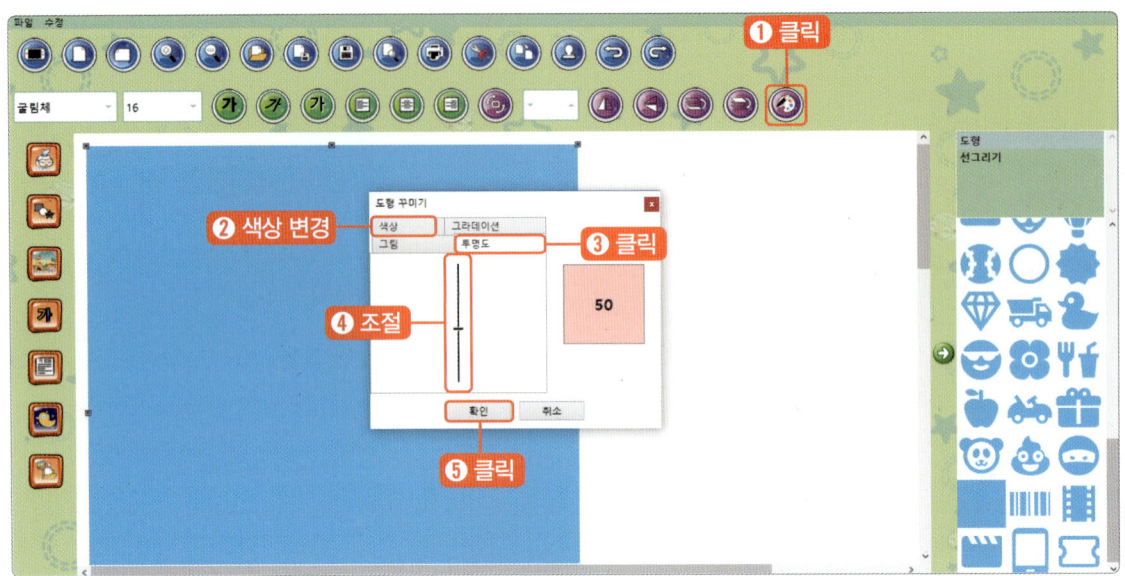

4 변경한 초대장 틀을 [상단 도구]의 [복사하기], [붙여 넣기]를 사용하여 4개를 만듭니다.

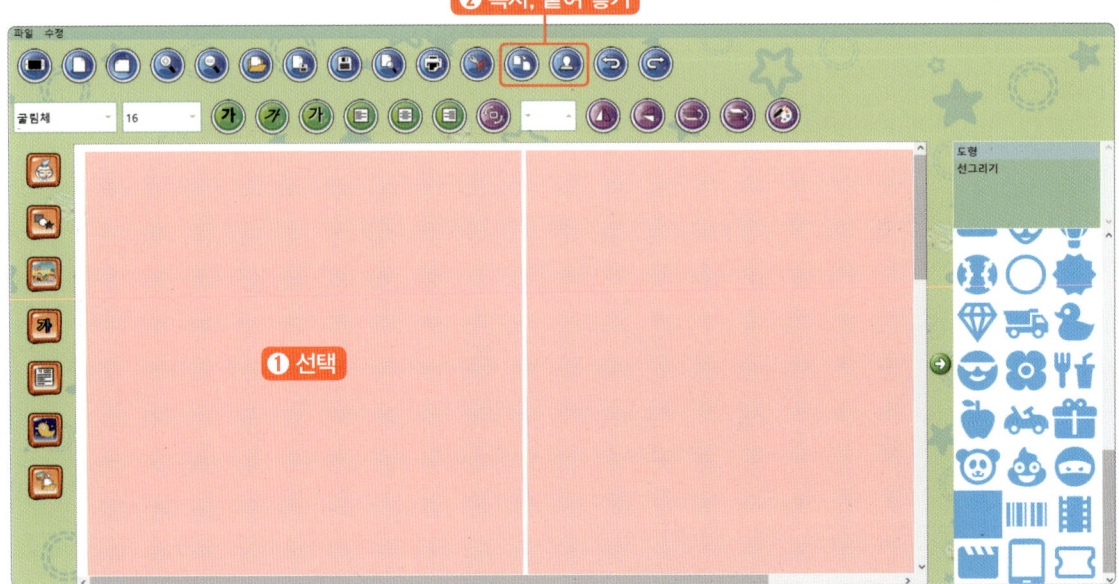

 ## 이미지를 불러와 테두리 꾸미기

테두리를 외부에서 불러와 초대장을 꾸며 봅니다.

1 초대장의 테두리를 꾸미기 위해 [좌측 도구]의 [이미지 불러오기]를 클릭하여 '예제 파일'_'10강'_'과자 테두리'를 불러와 크기를 조절합니다.

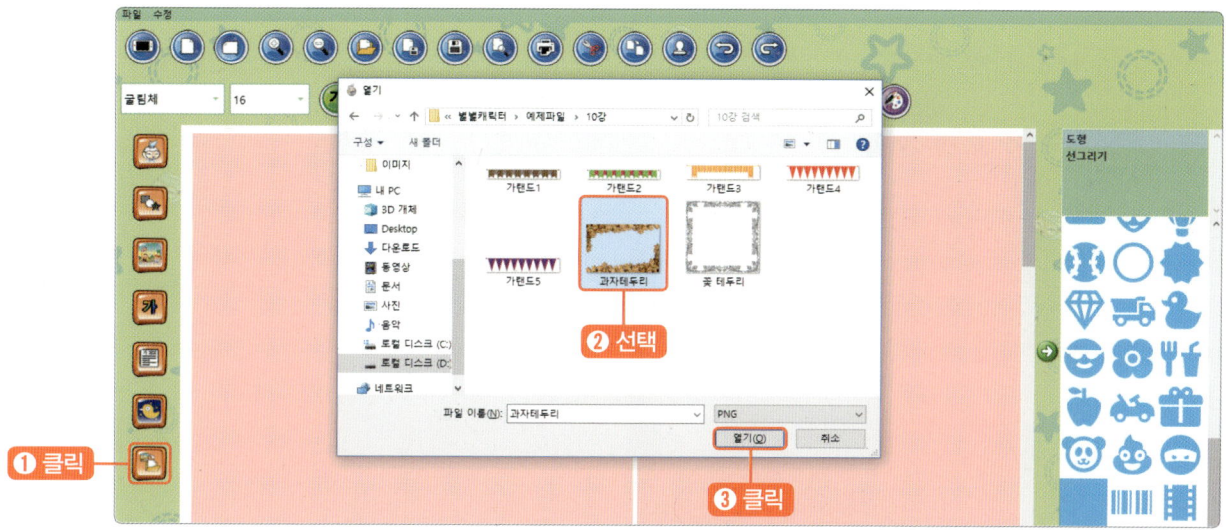

2 다른 초대장의 테두리도 꾸미기 위해 [좌측 도구]의 [이미지 불러오기]를 클릭하여 '예제 파일'_'10강'_'가랜드2'를 불러와 크기를 조절합니다.

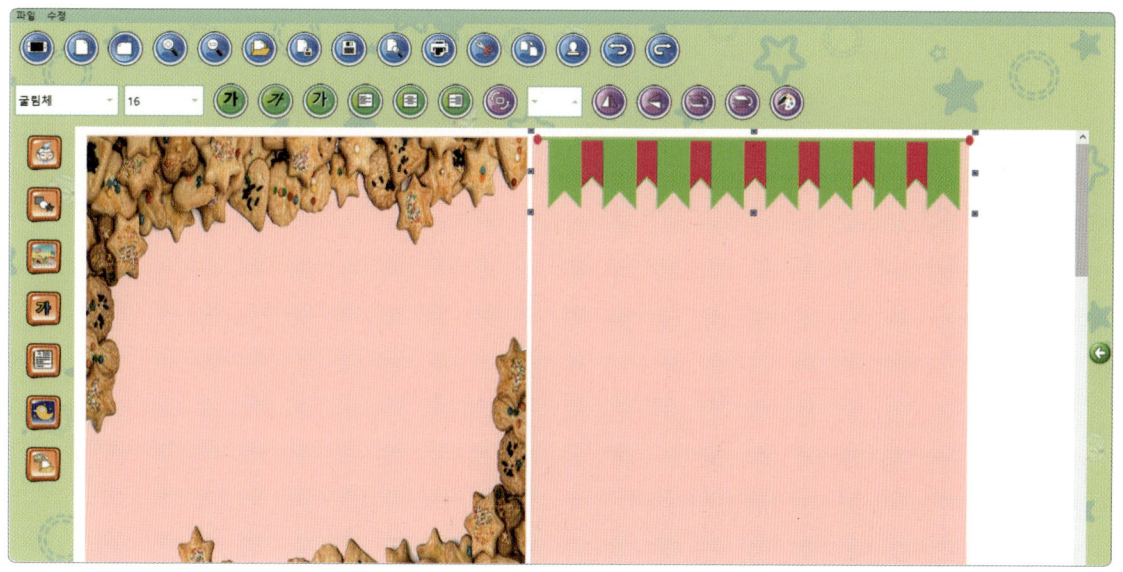

3 남아 있는 초대장도 위와 같이 이미지를 불러와 꾸며 봅니다.

3 도형으로 초대장 꾸미기

도형을 이용하여 어떤 초대장인지 한 눈에 알아볼 수 있도록 꾸며 봅니다.

1 [좌측 도구]의 [도형]을 클릭하여 케이크를 만든 후 [상단 도구]의 [도형 꾸미기]를 이용하여 케이크의 색상을 변경합니다.

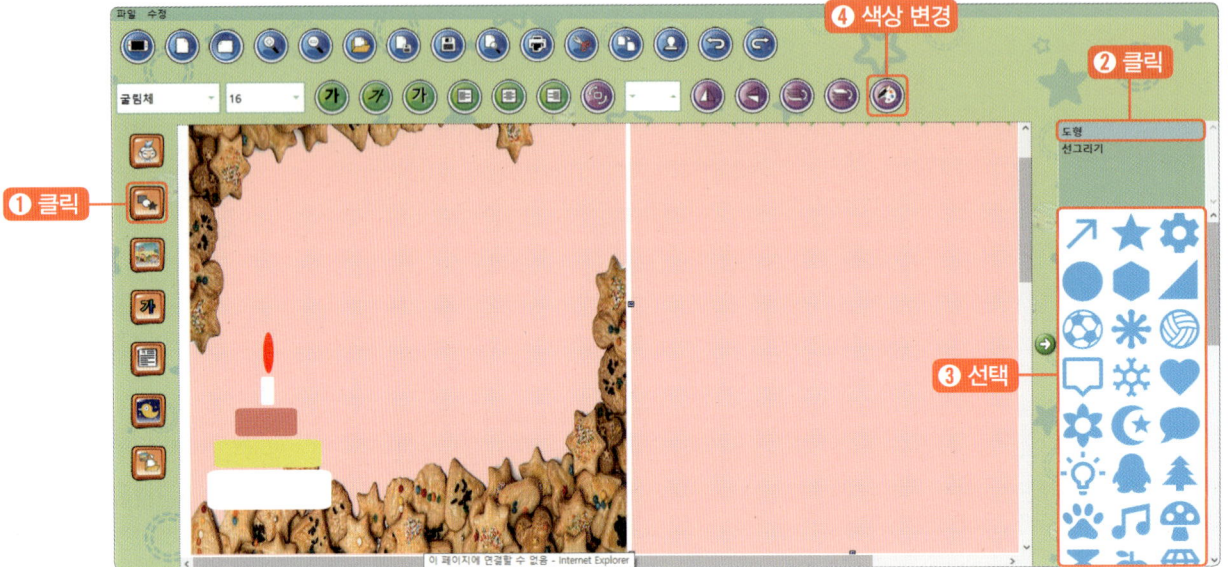

2 [좌측 도구]에서 [별별 캐릭터]를 이용하여 케이크를 꾸밉니다.

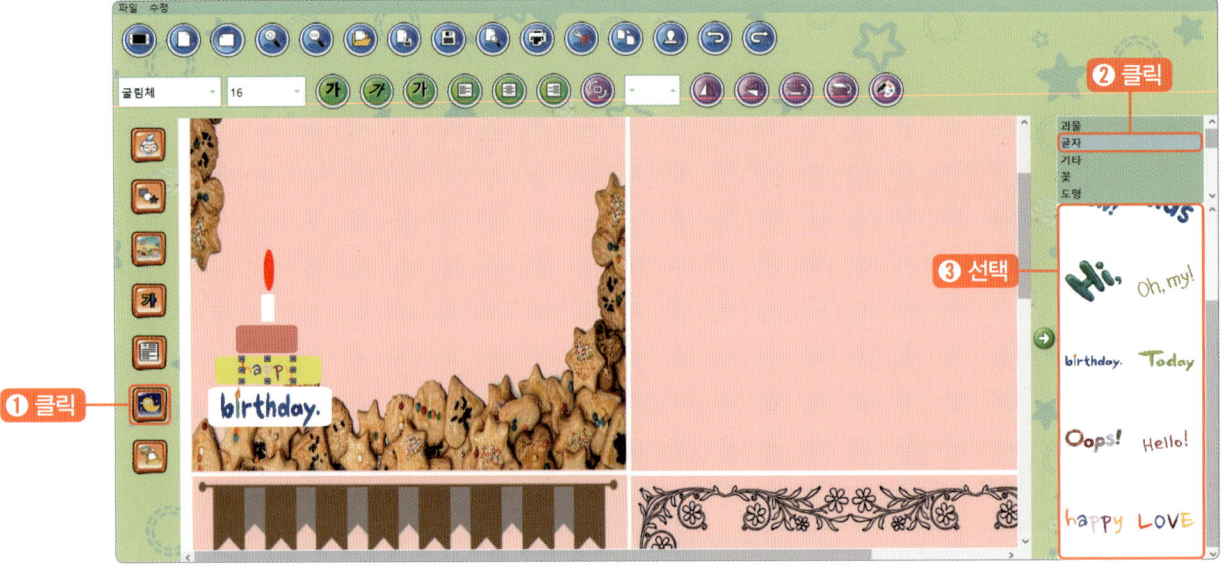

3 다른 초대장도 [도형]과 [별별 캐릭터]로 꾸며 봅니다.

4 꾸민 '캐릭터'나 '도형'의 분위기에 맞춰 [상단 도구]의 [도형 꾸미기]에서 초대장 배경색을 변경해 봅니다.

'별별 캐릭터'에서 가져올 '글자'가 없으면 [좌측 도구]의 [글자 꾸미기]에서 만들어도 돼.

 글상자로 초대 글 입력하기

글상자를 이용하여 초대장에 초대 장소와 시간 그리고 초대 내용을 입력해 봅니다.

1 [좌측 도구]의 [📋 글상자]를 클릭하여 '초대 내용', '초대 장소', '초대 시간'을 입력한 후, 색상을 변경해 봅니다.

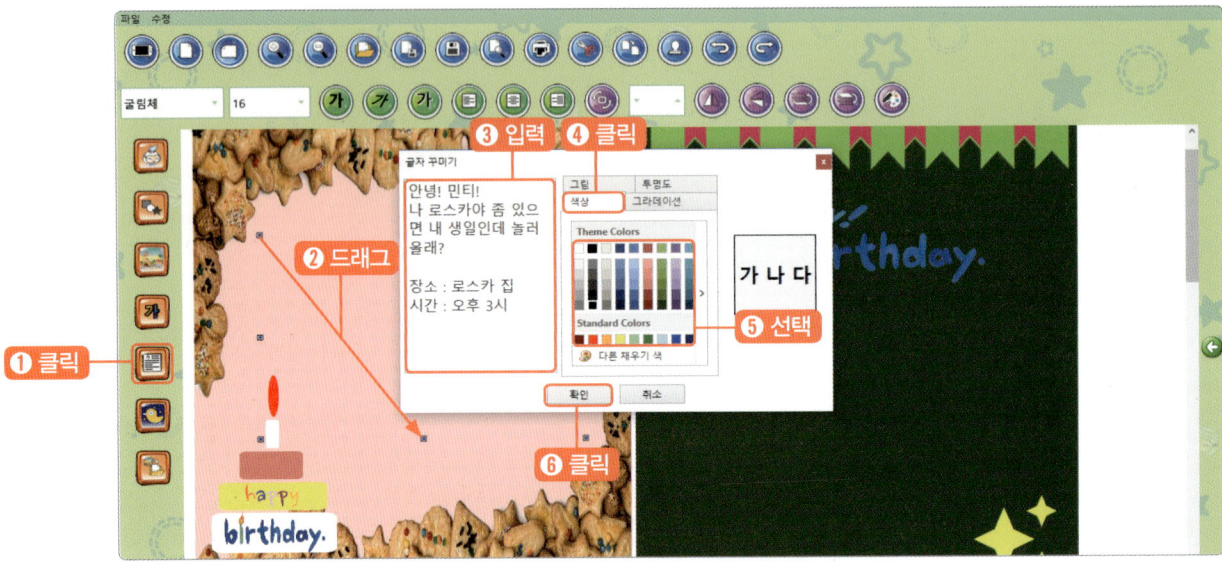

2 [상단 도구]의 '글자 서식'을 이용하여 '초대 내용'을 꾸며 봅니다.

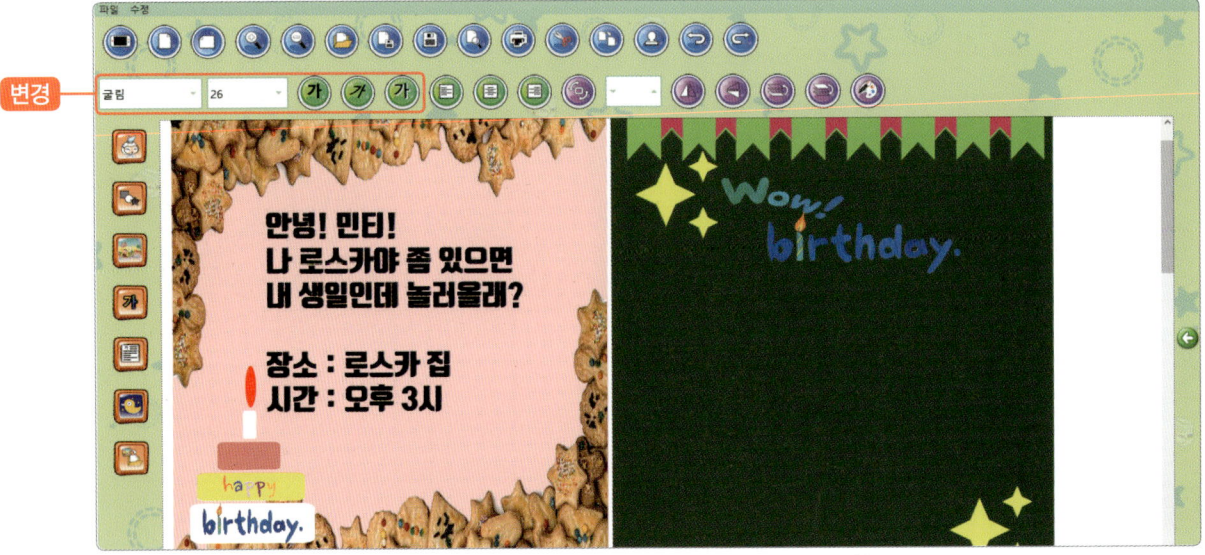

3 '초대 내용'을 복사하여 다른 초대장에도 붙여 넣습니다. 초대장의 배경색과 어울리게 글자 색을 변경합니다.

 **초대장 완성하기**

디자인한 초대장을 인쇄하여 친구들에게 나눠 줍니다.

1. [상단 도구]의 [🖨 인쇄하기]를 클릭하여 디자인한 초대장을 인쇄합니다. 그 다음은 아래의 그림을 참조하여 순서대로 초대장을 만들어 친구들에게 나눠 줍니다.

- 인쇄하기 -

- 코팅하기 -

- 가위로 오리기 -

- 초대장 완성 -

 인쇄한 초대장을 코팅해 봐. 그럼 초대장의 완성도가 높아질 거야.

또 만들어 볼까?

▶ 예제 파일 : 10강_엽서 만들기

1 '10강_엽서 만들기' 파일을 불러와 도형의 색상을 변경합니다.

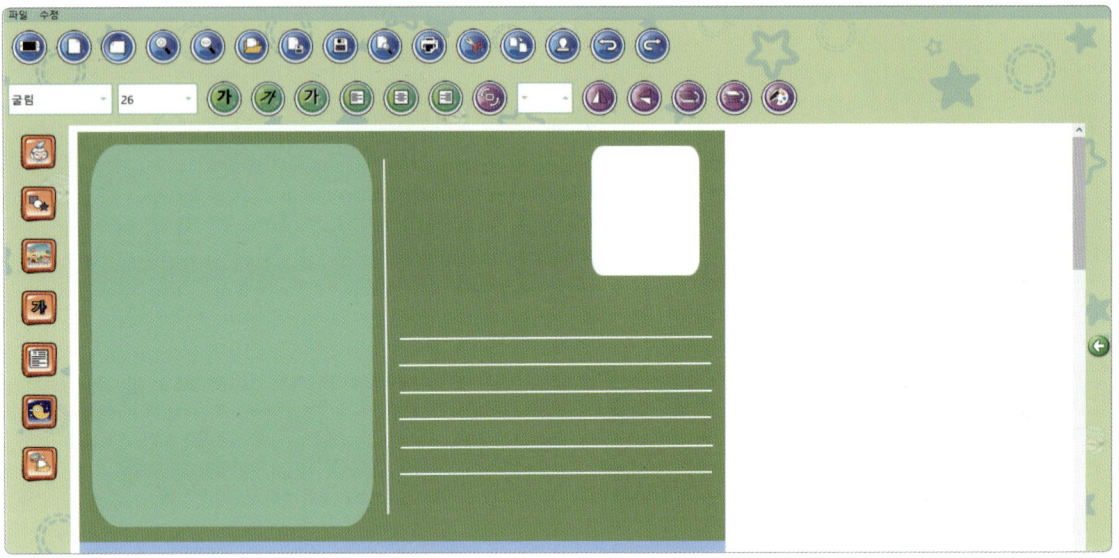

2 인터넷에서 예쁜 배경을 다운 받습니다. [이미지 불러오기]로 다운 받은 배경을 불러와 '엽서'의 배경 크기에 맞춰 크기를 조절한 후 [상하 반전]을 클릭하여 이미지를 뒤집습니다.

01 해피 미션 : 메모지 만들기

▶ 예제 파일 : 해피 미션_메모지 디자인   ▶ 완성 파일 : 해피 미션_메모지 디자인_완성

[좌측 도구]의 '별별 캐릭터', '도형'과 [상단 도구]의 '도형 꾸미기'를 이용하여 메모지를 디자인해 봅니다.

1 '해피 미션_메모지 디자인' 파일을 불러와 [상단 도구]의 [도형 꾸미기]를 이용하여 메모지 색을 다양하게 바꿔봅니다.

2 배경색이 진한 메모지는 [상단 도구]의 [도형 꾸미기]를 이용하여 도형의 투명도를 조절합니다.

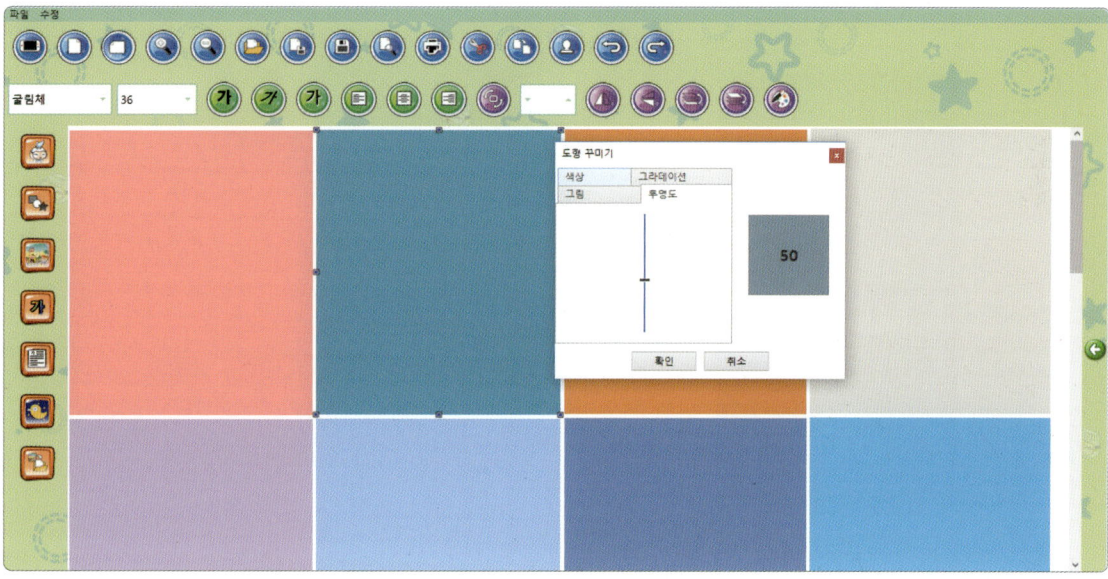

3 [좌측 도구]의 [🔶 도형]과 [🌙 별별 캐릭터]를 이용하여 메모지를 꾸며 봅니다.

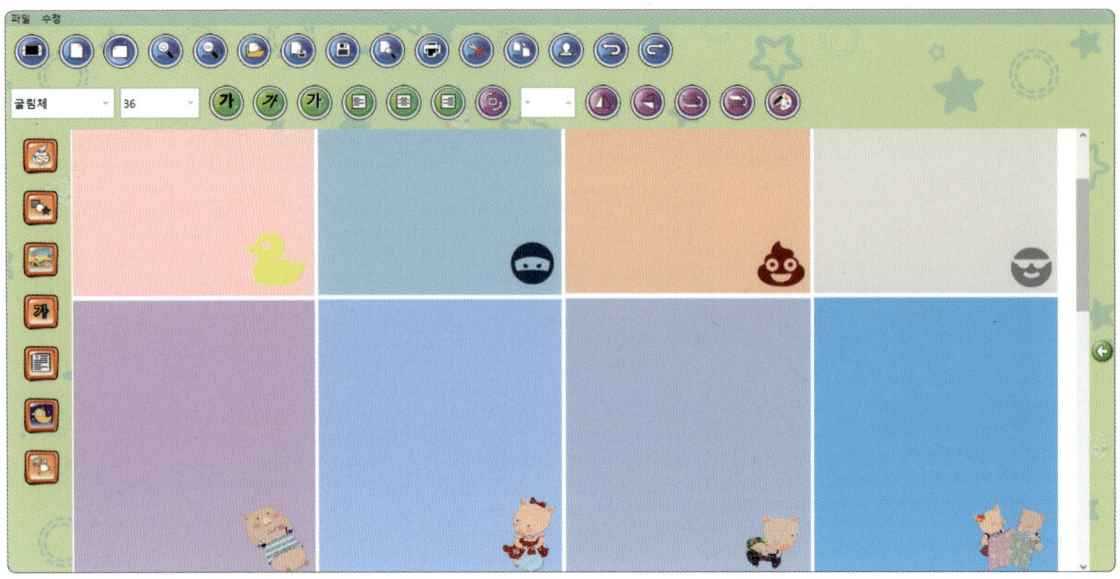

4 [🍦 민티 스타]와 [🈶 글자 꾸미기], [🔶 도형]을 이용하여 메모지의 표지를 디자인합니다.

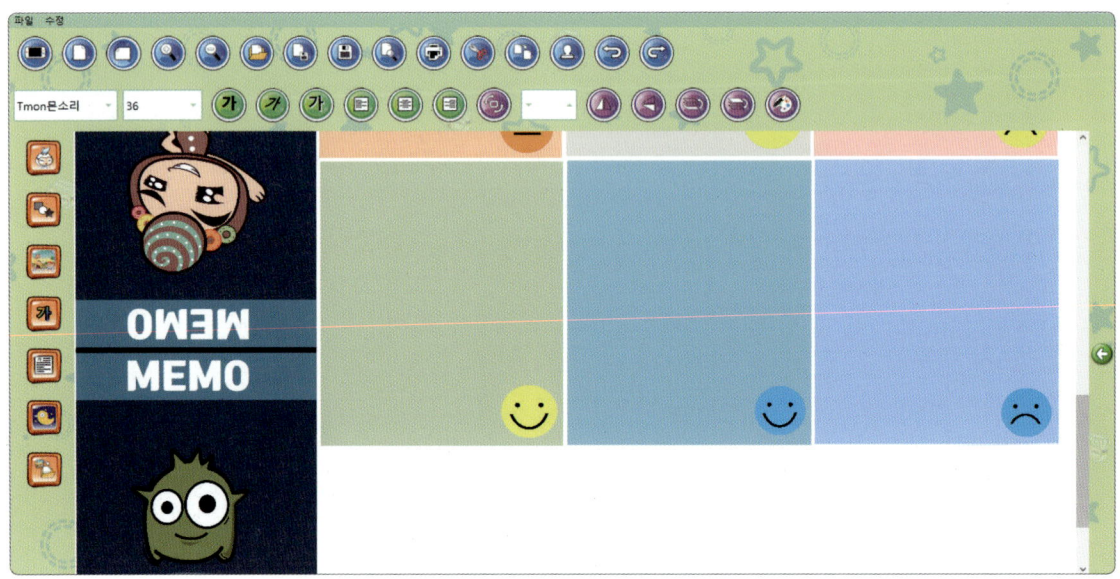

꼭 기억해! 표지는 반이 접힐 거야. 그럼 '캐릭터'도, '텍스트'도 당연히 뒤집혀야겠지? 그건 [상단 도구]의 [◀ 상하 반전], [▲ 좌우 반전] 기능으로 해결할 수 있어!

5 [상단 도구]의 [🖨 인쇄하기]를 클릭하여 메모지 디자인을 인쇄합니다. 그 다음은 아래의 그림을 참조하여 순서대로 메모지를 만들어 봅니다.

- 인쇄하기 -

- 가위로 오리기 -

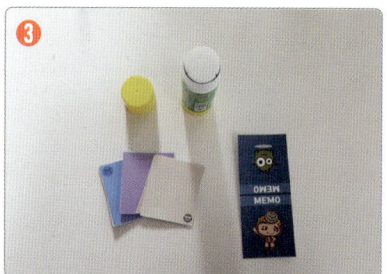
- 풀 준비 -

- 메모지 윗부분 풀칠 -

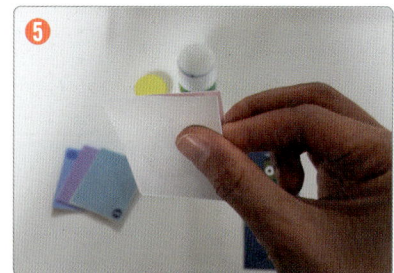
- 메모지 윗부분끼리 붙이기 -

- 다 붙인 메모지 앞면과 뒷면 풀칠 -

- 표지를 메모지에 둘러 붙이기 -

- 메모지 완성 -

예쁜 메모지를 만들려면 메모지의 배경을 다양한 색으로 꾸며 봐!

캐릭터
편지지 만들기

나 '뻑심맨'은 사실 좋아하는 친구가 있어!
그래서 편지로 내 진심을 전하려 해.
근데 편지지가 없어! 나 좀 도와줄래?

1. 편지지 배경 추가하기
2. 배경 이미지 투명도 설정하기
3. 편지지 칸 그리기
4. 편지지 공책 만들기

별별 알아두면 스타

- 얇은 선도 두껍게 만들 수 있는 방법이 있어! 선 속성을 사용하면 돼! 꼭 기억하고 있어!

편지지 배경 추가하기

[교육 활동] 대화 상자에서 새문서를 불러와 도형으로 초대장 틀을 만들어 봅니다.

1 [별별 캐릭터 보물섬]을 실행하여 [교육 활동] 대화 상자가 열리면 [해피 페이퍼]-[편지지 만들기]-[새문서]를 순서대로 클릭하여 '새문서'를 실행합니다.

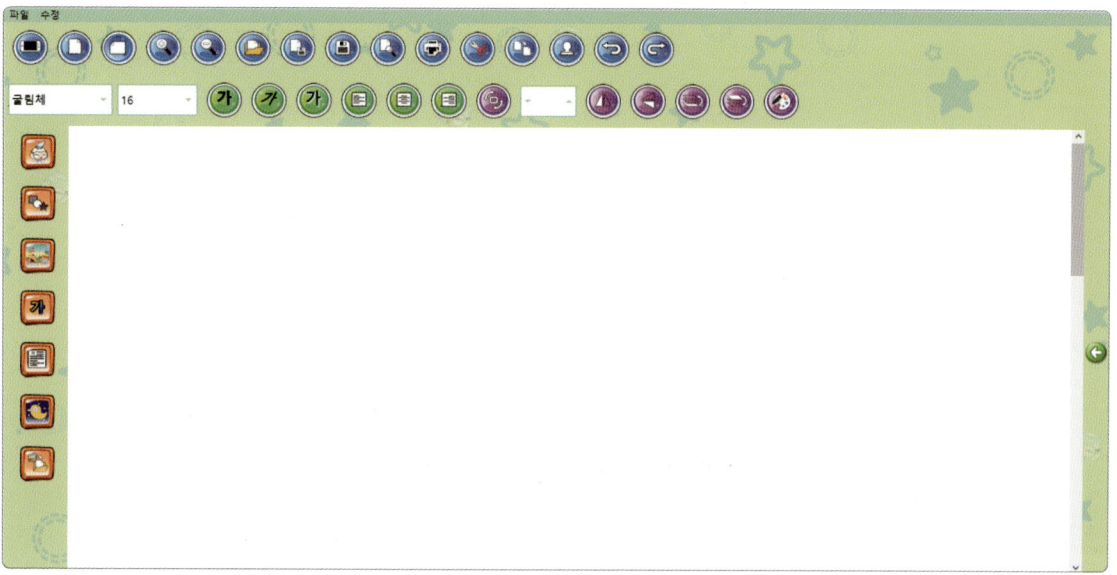

2 편지지 배경을 추가하기 위해 [좌측 도구]의 [배경]에서 '눈사람'을 선택한 후 여러 이미지 중 하나를 선택합니다.

2 배경 이미지 투명도 설정하기

편지지의 배경을 흐리게 만들기 위해 투명도를 설정해 봅니다.

1 삽입된 배경 이미지를 선택 한 후 [상단 도구]의 [도형 꾸미기]를 클릭합니다.

2 [도형 꾸미기] 대화 상자에서 '투명도'를 클릭한 후 설정 값을 '45'로 조절하고 [확인]을 클릭합니다.

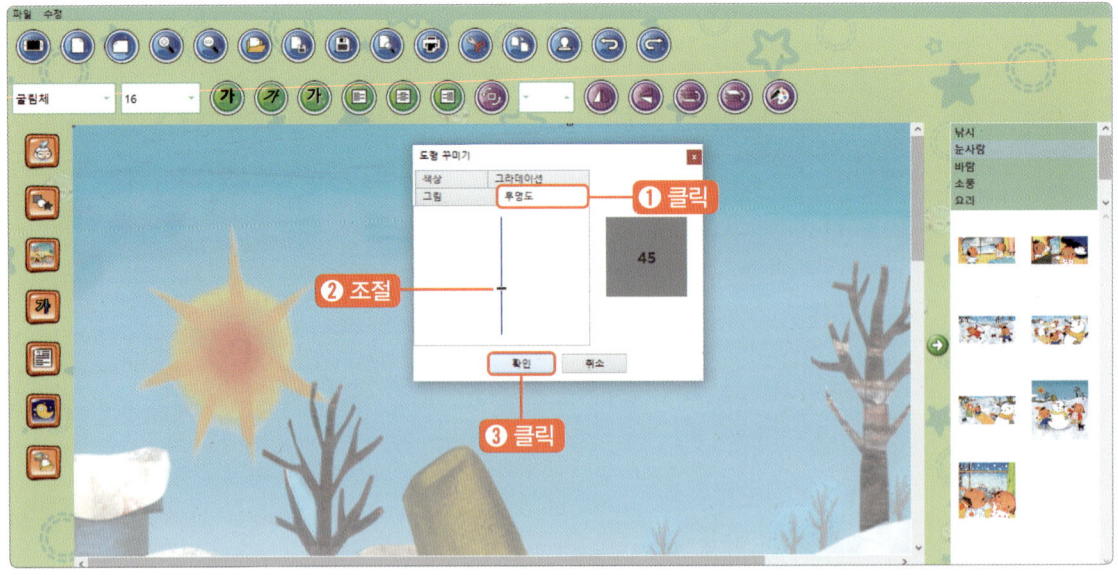

3 편지지 칸 그리기

편지지에 글을 적을 수 있는 칸을 선으로 그려 봅니다.

1 [좌측 도구]의 [도형]을 클릭하고 '선 그리기'를 클릭한 후 직선을 선택합니다. 그 후 드래그 하여 편지지 위에 '선'을 그려 넣습니다.

2 선의 색상과 굵기를 바꾸기 위해 '선'을 선택한 후 마우스 오른쪽 버튼을 클릭하여 '색상' 에서 원하는 색을 선택합니다.

3 '선두께'를 클릭하여 원하는 굵기를 선택한 후 [확인]을 클릭합니다.

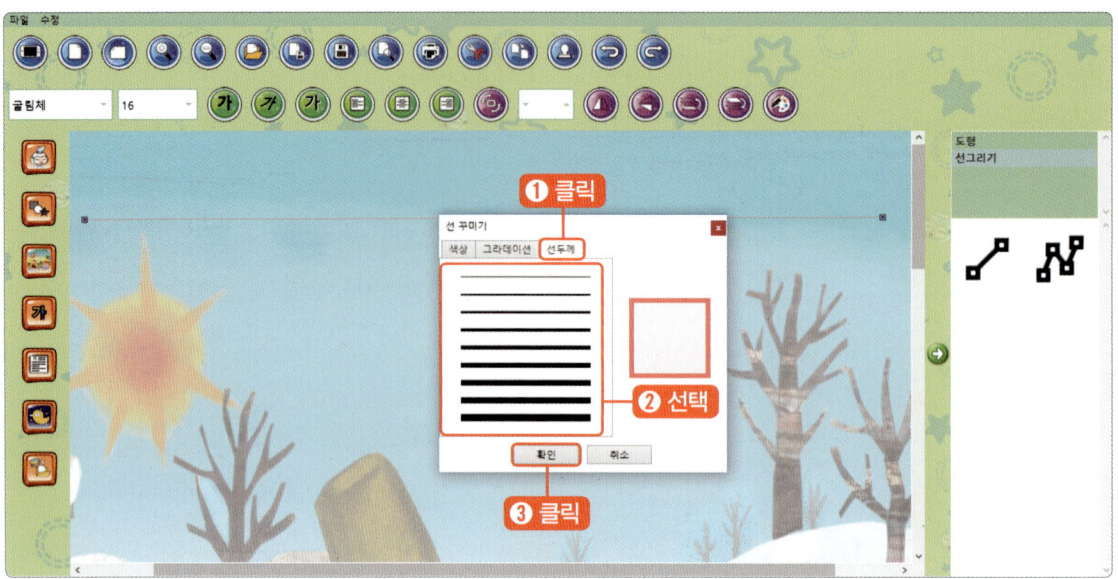

4 '선'을 복사하고, 붙여 넣기를 반복하여 편지지 칸을 완성합니다.

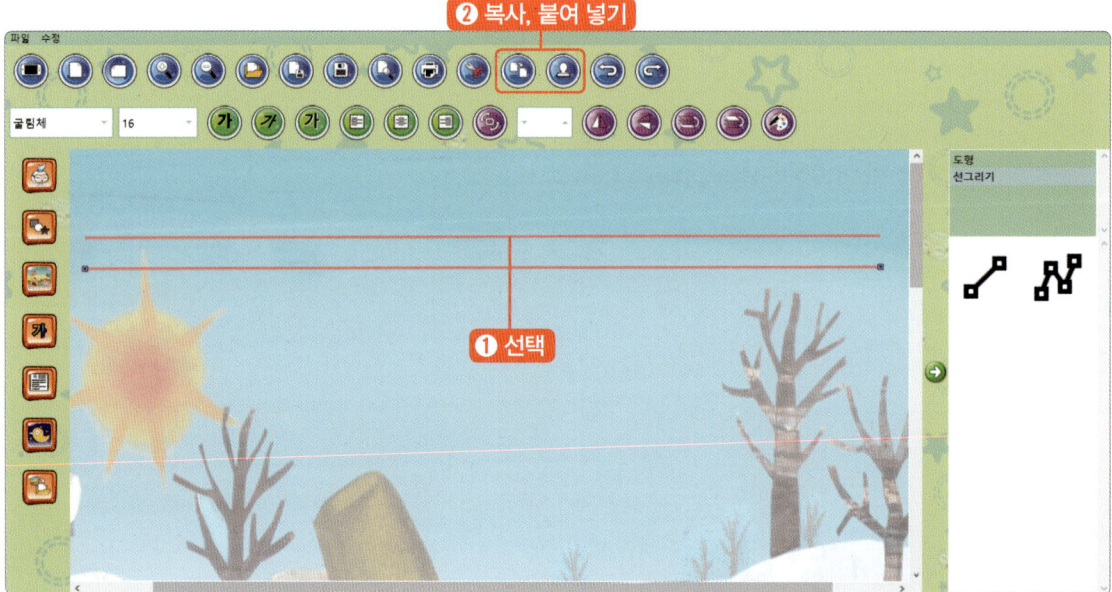

 한 가지 선색은 재미없잖아. 선색을 여러 개로 바꿔 봐도 좋아.

 **편지지 공책 만들기**

완성한 편지지를 여러 장 인쇄하여 공책으로 묶어 봅니다.

1 [상단 도구]의 [🖨 인쇄하기]를 클릭하여 완성한 파일을 여러 장 인쇄합니다. 그 다음은 아래의 그림을 참조하여 순서대로 인쇄한 파일을 풀칠하여 공책으로 만들어 봅니다.

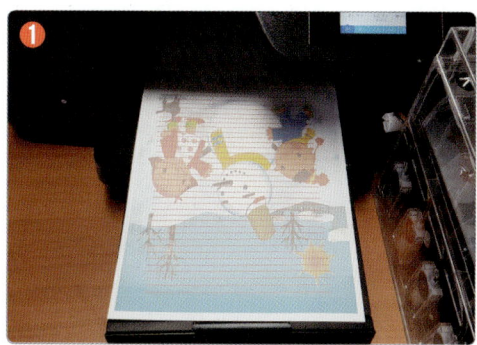
– 인쇄하기 –

– 풀 준비하기 –

– 편지지 상단 풀칠 –

– 편지지 상단 붙이기 –

– 편지지 묶음 완성 –

 인쇄한 종이를 공책으로 만드는 방법에는 여러 가지가 있지만, 인쇄소에서 간단히 책으로 묶어 줄 수도 있어.

또 만들어 볼까?

▶ 예제 파일 : 11강_편지 봉투 만들기

1 '11강_편지 봉투 만들기' 파일을 불러와 [상단 도구]의 [🔘 도형 꾸미기]를 이용하여 도형을 디자인합니다.

2 '도형'의 투명도를 조절하고, [🔘 도형]과 [🔘 글자 꾸미기]를 이용하여 편지 봉투를 꾸며 봅니다.

12 나만의 동화책 만들기

있지! 나 '마티'가 꿈이 생겼어! 그건 바로 동화 작가가 되는 거야!
내가 동화 작가가 될 수 있도록 나랑 같이 동화 스토리를 만들어 볼까?

1. 동화책에 말풍선 추가하기
2. 글상자를 이용하여 동화 내용 입력하기
3. 동화책 만들기

별별 알아두면 스타

- 동화를 만드는데 말풍선의 방향이 맞지 않는다면, '상하 반전'이나 '좌우 반전'을 사용할 수 있어!

1 동화책에 말풍선 추가하기

[교육 활동] 대화 상자에서 중간 파일을 불러와 동화책에 들어갈 말풍선을 만들어 봅니다.

1 [별별 캐릭터 보물섬]을 실행하여 [교육 활동] 대화 상자가 열리면 [해피 페이퍼]-[동화책 만들기]-[중간 파일]을 순서대로 클릭하여 파일을 불러옵니다.

2 동화 속 주인공이 대화할 수 있도록 [좌측 도구]의 [별별 캐릭터]에서 '말풍선'을 불러옵니다.

3 '말풍선'을 추가한 후 [상단 도구]의 [◀ 상하 반전]을 클릭하여 '말풍선'의 모양을 변경합니다.

4 다른 동화 칸에도 말풍선을 추가합니다.

2 글상자를 이용하여 동화 내용 입력하기

글상자를 이용하여 만든이와 동화 내용을 입력하고 글자 속성을 변경해 봅니다.

1 만든이를 입력하기 위해 [좌측 도구]의 [🔲 글상자]를 클릭합니다. '만든이 : 사용자 이름'을 입력하고 글자색을 변경한 후 [확인]을 클릭합니다.

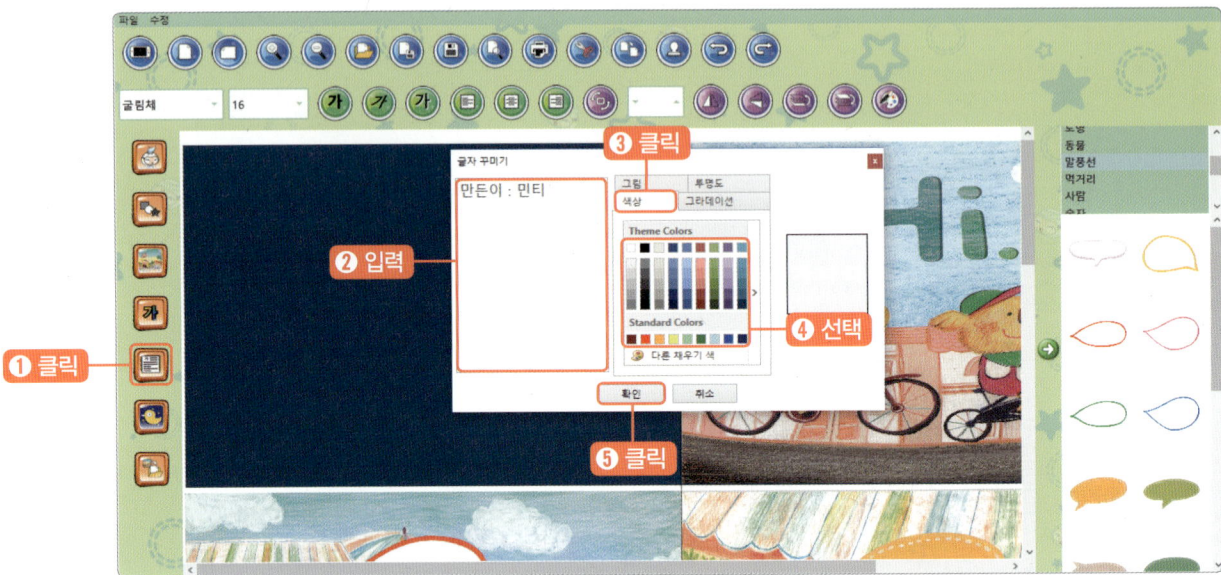

2 [좌측 도형]의 [🔲 글상자]를 클릭하여 동화 내용을 입력합니다. 입력한 '동화 대사'를 선택하여 [상단 도구]의 '글자 서식'을 변경합니다.

3 나머지 동화 내용도 입력한 후 '글자 서식'을 변경합니다.

3 동화책 만들기

완성한 동화 원고를 프린트하여 동화책으로 묶어 봅니다.

1 [상단 도구]의 [ 인쇄하기]를 클릭하여 완성한 원고를 인쇄한 후 풀칠하여 동화책으로 묶어 봅니다.

- 라벨지에 인쇄하기 -

- 코팅하기 -

- 가위로 오리기 -

- 접착 종이 떼기 -

- 반 접어서 붙이기 -

- 순서대로 쌓기 -

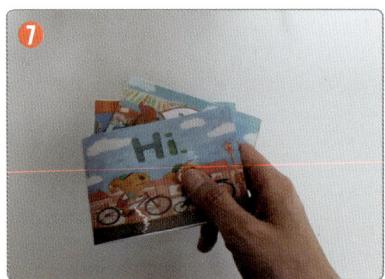
- 표지를 반으로 접어 속지 안으로 넣기 -

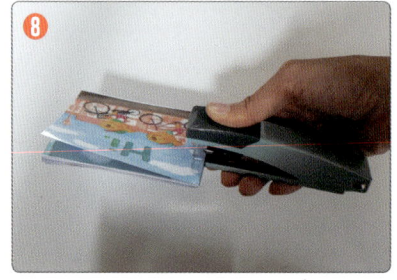
- 스테이플러로 찍기 -

동화책을 만들려면 원고를 인쇄할 때, 두꺼운 용지로 인쇄해야 완성도가 높아!

또 만들어 볼까?

▶ 예제 파일 : 12강_동화 만들기

1 '12강_동화 만들기' 파일을 불러와 [좌측 도구]의 [별별 캐릭터]로 말풍선을 추가합니다.

2 [좌측 도형]의 [글상자]를 클릭하여 동화 내용을 입력하고 인쇄하여 동화책으로 묶어 봅니다.

12 나만의 동화책 만들기 _ 127

02 해피 미션 — 이야기 바탕 화면 만들기

▶ 예제 파일 : 해피 미션_이야기 바탕 화면 만들기   ▶ 완성 파일 : 해피 미션_이야기 바탕 화면 만들기_완성

[좌측 도구]의 '별별 캐릭터', '도형', '글자 꾸미기'와 [상단 도구]의 '도형 꾸미기'를 이용하여 이야기 바탕 화면을 디자인해 봅니다.

1. '해피 미션_이야기 바탕 화면 만들기' 파일을 열어 [상단 도구]의 [도형 꾸미기]를 이용하여 배경 도형에 그림을 넣어 줍니다. 그림을 넣어 준 후 다시 '투명도'로 이동하여 도형의 배경 색상을 흐리게 조절합니다.

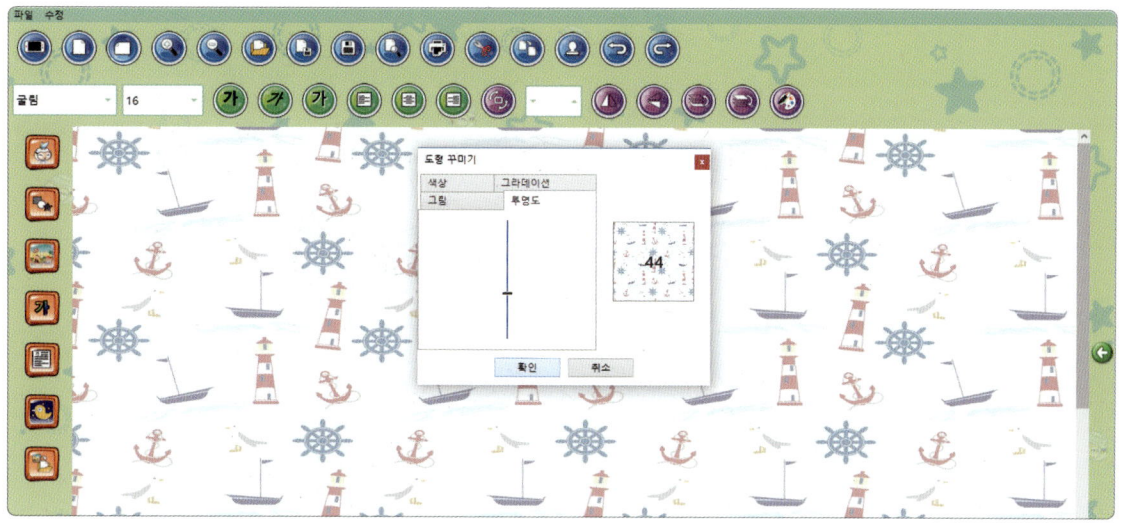

2. [좌측 도구]의 [별별 캐릭터]에서 '사람'을 선택합니다. '사람' 개체를 불러와 크기를 조절하고 배경화면에서 위치를 설정합니다.

바탕 화면은 왼쪽에 아이콘이 존재해!
캐릭터를 배치할 때 너무 왼쪽으로 배치하면 아이콘에 가려질 수 있어!

3 캐릭터가 대화할 수 있도록 [좌측 도구]의 [별별 캐릭터]에서 '말풍선'을 선택합니다. 어울리는 '말풍선'을 불러와 캐릭터에 맞춰 크기와 위치를 설정합니다.

4 [좌측 도구]의 [글자 꾸미기]를 이용하여 캐릭터 간의 대화를 적습니다.

5　[상단 도구]의 [🖼 이미지로 저장하기]를 클릭하여 원하는 위치에 '배경화면'을 저장합니다.

6　[바탕 화면]에서 '마우스 오른쪽 버튼'을 클릭하여 '개인 설정'을 클릭합니다. '설정' 창이 열리면 '사용자 사진 선택'을 클릭하여 저장한 '배경화면'을 불러와 배경화면을 변경해 봅니다.

Making 04
홈파티

- 13 분위기 있는 가랜드 만들기
- 14 감정을 나타내는 문패 만들기

★ 파티 미션 01

- 15 내 손에 작은 미니 앨범 만들기
- 16 은은한 조명 만들기

★ 파티 미션 02

13 분위기 있는 가랜드 만들기

우리 집에 오늘 홈파티가 있어!
그래서 나 '첼리걸'은 분위기 있는 가랜드를 만들려고 해!
근데 시간이 부족해서 그러는데 나 좀 도와줄 수 있어?

1. 가랜드 틀 만들기
2. 도형 회전하기
3. 도형을 복사하고 반전시키기
4. 도형에 그림 넣기
5. 캐릭터와 도형으로 가랜드 꾸미기
6. 가랜드에 캐릭터 이름 입력하기
7. 가랜드 만들기

별별 알아두면 스타

- 도형을 회전하면 내가 원하는 모양을 만들 수 있어! 원하는 모양을 만들고 싶다면 꼭 기억해!

① 가랜드 틀 만들기

[교육 활동] 대화 상자에서 새문서를 불러와 도형으로 가랜드 틀을 만들어 봅니다.

1 [별별 캐릭터 보물섬]을 실행하여 [교육 활동] 대화 상자가 열리면 [홈파티]–[가랜드 만들기]–[새문서]를 순서대로 클릭하여 '새문서'를 실행합니다.

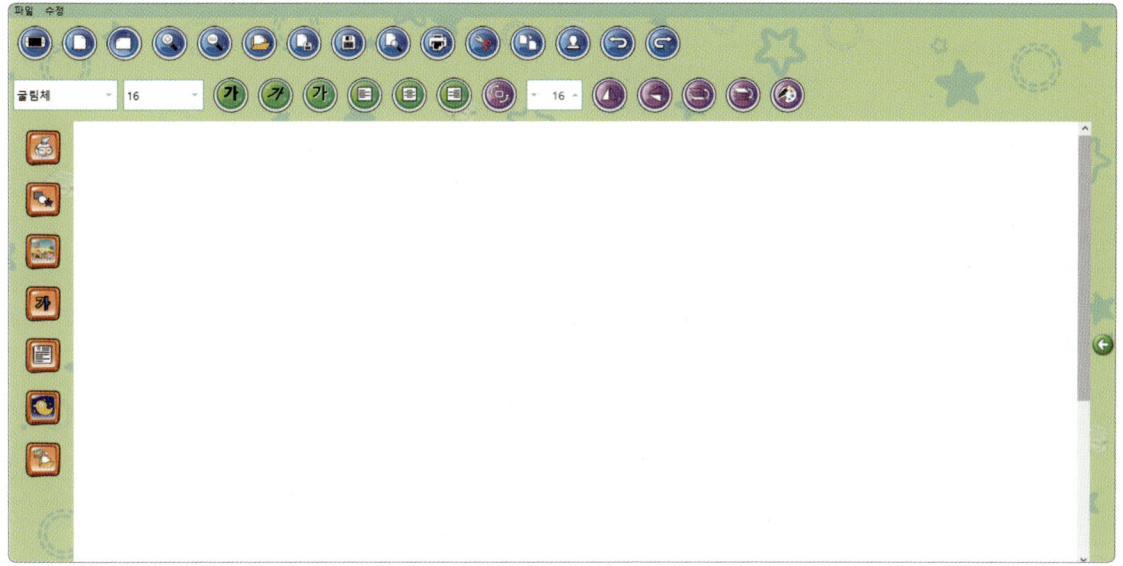

2 가랜드를 만들기 위해 [좌측 도구]의 [도형]에서 '도형'을 선택하여 '삼각형'을 불러옵니다.

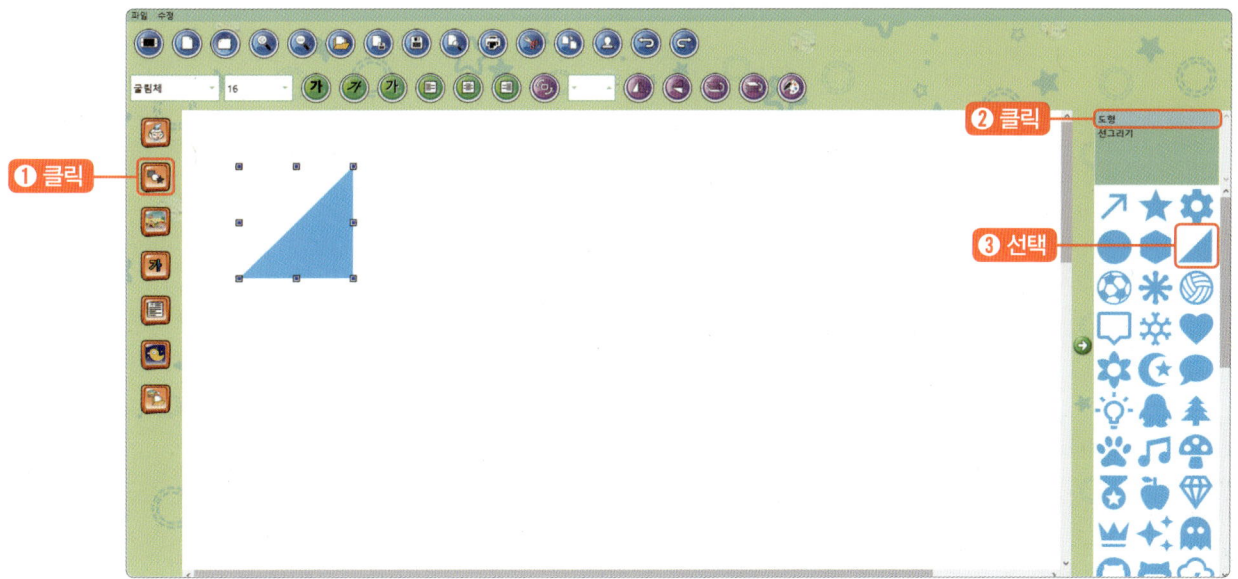

2 도형 회전하기

삼각형의 모양을 변경하기 위해 회전하기 기능을 사용해 봅니다.

1 가랜드의 모양을 만들기 위해 '삼각형' 개체를 선택한 후 [상단 도구]의 '회전 각도'를 '45'로 변경합니다.

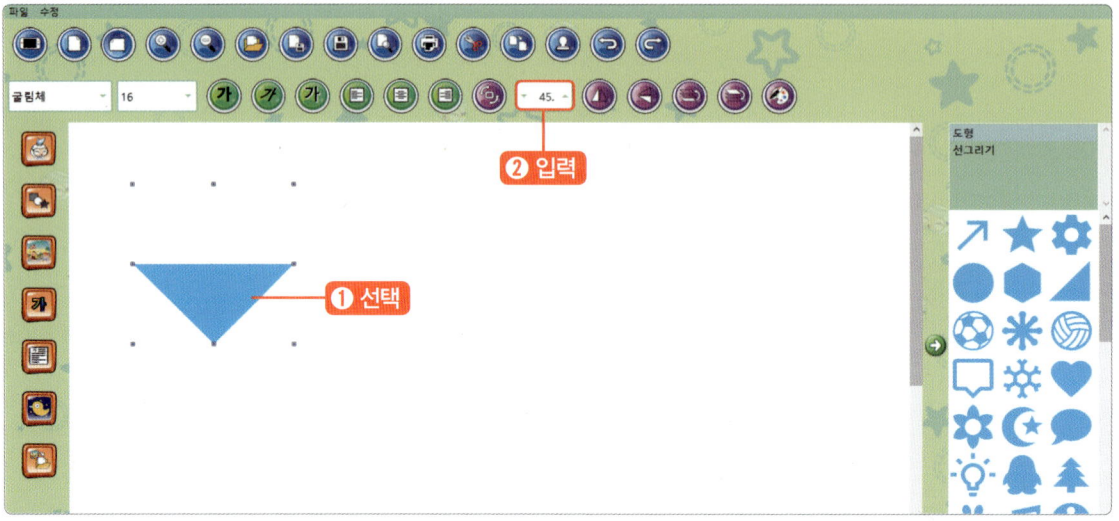

2 '삼각형'을 선택한 후 개체의 조절점을 드래그하여 크기를 조절합니다.

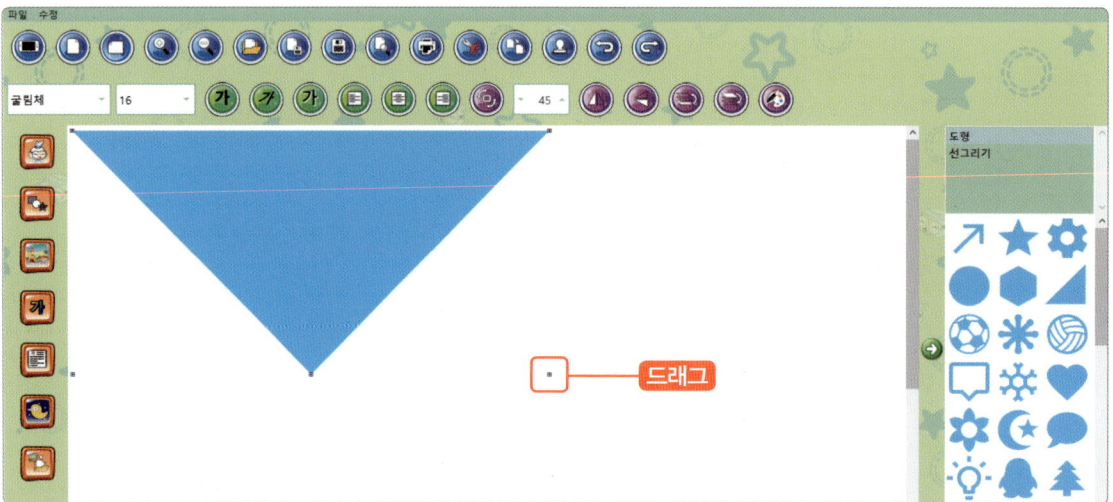

'삼각형' 개체는 회전하면 위쪽으로 공백이 생겨! 개체를 이동하거나 크기를 조절할 때 조금 불편할 수도 있으니까 알아두도록 해!

3 도형을 복사하고 반전시키기

가랜드를 만들어 프린트할 때 용지를 최대한 활용하기 위해서 도형을 반전시킵니다.

1 '삼각형' 개체를 선택한 후 [상단 도구]의 [🔲 복사하기], [🔲 붙여 넣기]를 순서대로 눌러서 복사본 '3'개를 만듭니다.

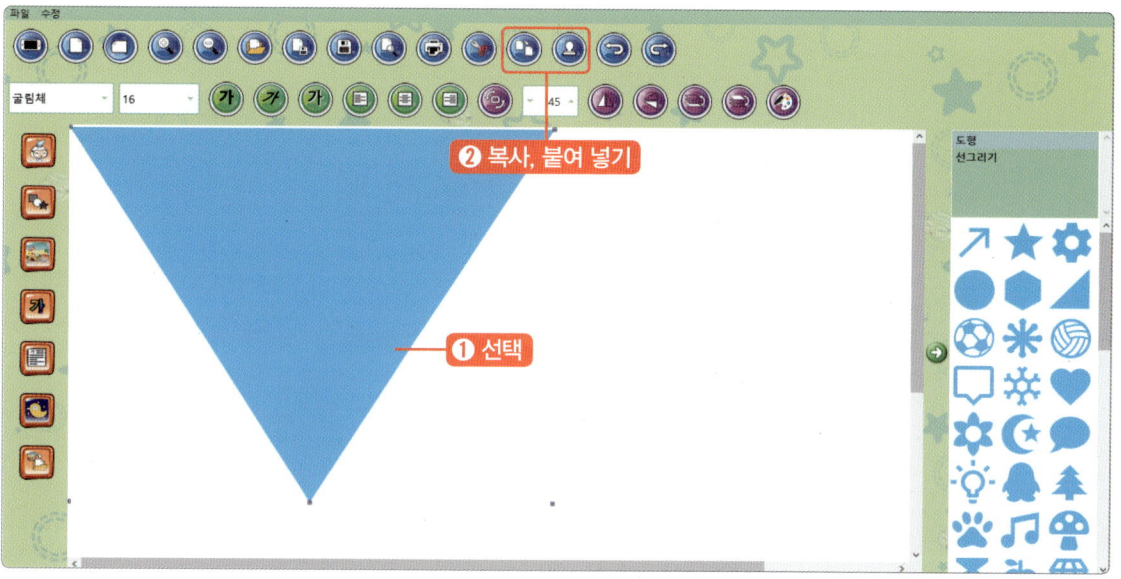

2 복사본 개체의 위치를 설정한 뒤 2번째 '삼각형' 개체는 공간 활용을 위해 [상단 도구]의 [🔲 상하 반전]을 클릭합니다.

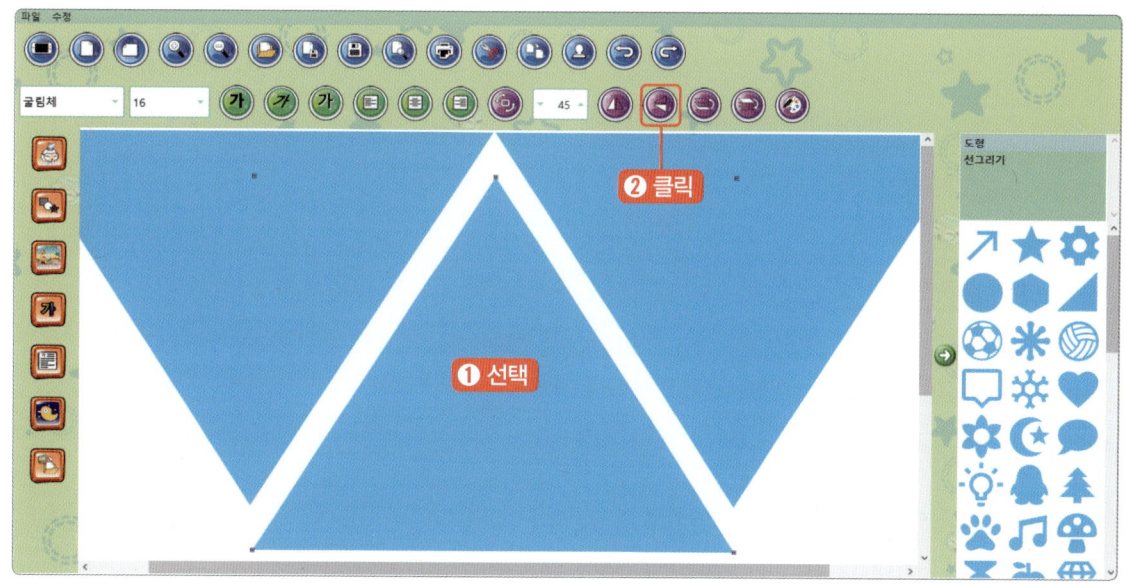

4 도형에 그림 넣기

예쁜 가랜드를 만들기 위해 도형에 그림을 넣어 봅니다.

1 '삼각형' 개체를 선택한 후 [상단 도구]의 [도형 꾸미기]를 선택합니다.

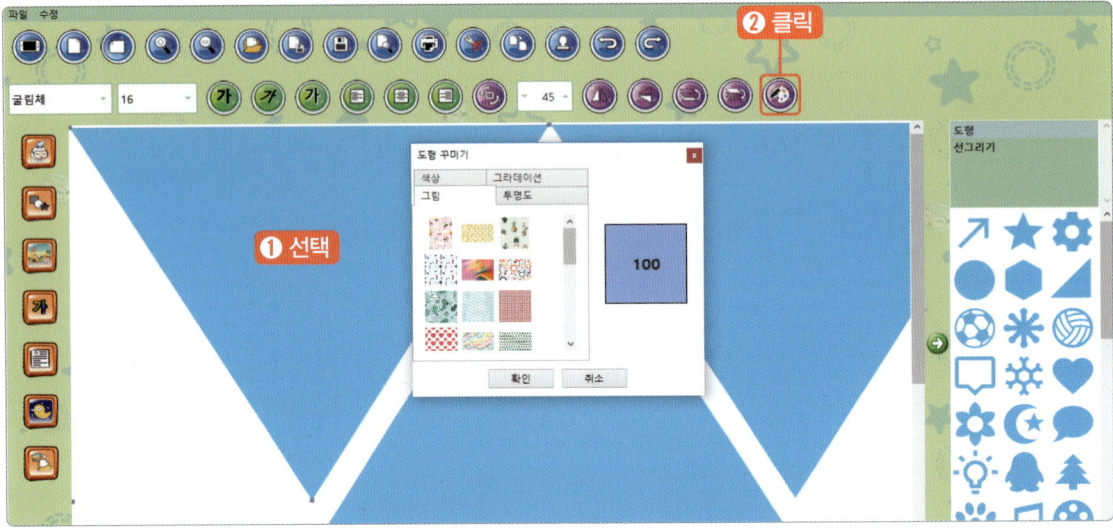

2 [도형 꾸미기] 대화 상자의 항목에서 그림을 선택합니다.

그림을 너무 어수선한 걸로 선택하면 나중에 캐릭터가 잘 안보일 수도 있으니까, 패턴이 단순하거나 색상이 '단색'인 걸 선택하는 게 좋아.

5 캐릭터와 도형으로 가랜드 꾸미기

가랜드의 분위기를 생각하며 캐릭터와 도형을 이용하여 가랜드를 꾸며 봅니다.

1 가랜드를 캐릭터로 꾸미기 위해 [좌측 도구]의 [🐻 민티 스타]에서 원하는 캐릭터를 불러와 크기와 위치를 설정합니다.

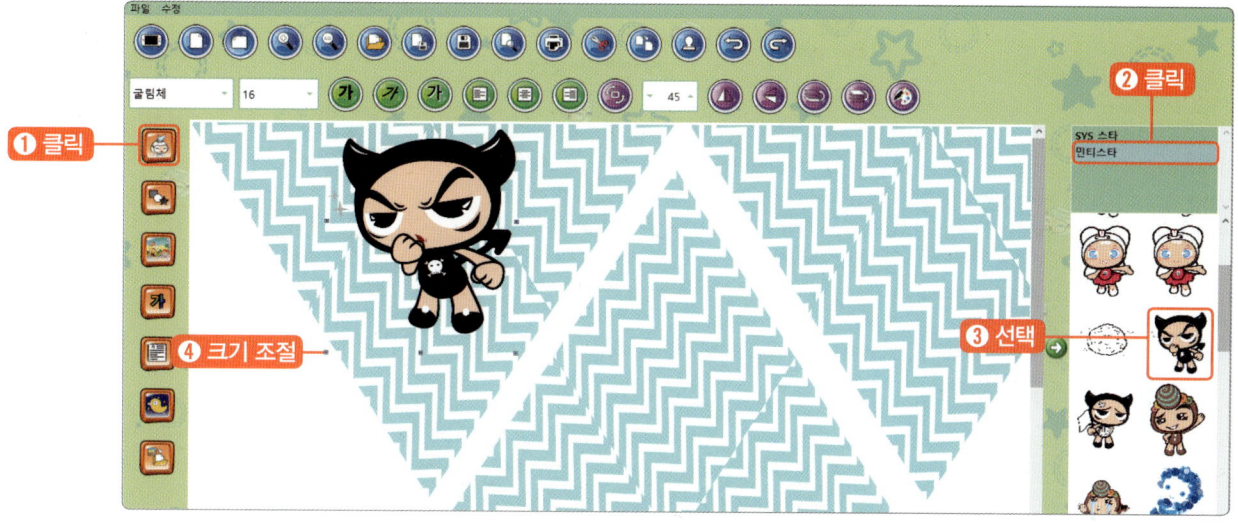

2 다른 캐릭터들도 불러와 캐릭터들의 크기를 비슷하게 맞춘 후 위치를 설정합니다.

캐릭터 크기는 일정하게 맞춰주는 게 좋아. 크기가 너무 다르면 가랜드를 설치했을 때 어수선해 보일 수 있어!

3 뒤집힌 가랜드에 맞춰 두 번째 캐릭터를 선택한 후 [상단 도구]의 [상하 반전]을 클릭하여 '캐릭터'를 뒤집습니다.

4 [좌측 도구]의 [도형]을 클릭한 후 '도형'을 이용하여 가랜드를 꾸며 봅니다.

5 두 번째 가랜드의 '도형'은 [상단 도구]의 [상하 반전]을 클릭하여 도형을 뒤집습니다.

6 뒤집힌 캐릭터를 선택한 후 [상단 도구]의 [복사하기], [붙여 넣기]를 클릭하여 복제본을 만들고 위치를 지정합니다.

6 가랜드에 캐릭터 이름 입력하기

캐릭터에 맞춰 글자 꾸미기로 이름을 입력해 봅니다.

1 [좌측 도구]의 [글자 꾸미기]를 이용하여 캐릭터의 이름을 입력합니다.

2 [상단 도구]의 '글자 서식'을 이용하여 '글꼴'을 변경합니다.

3 [글자 꾸미기]를 이용하여 다른 캐릭터의 이름도 입력합니다.

 **가랜드 만들기**

디자인한 가랜드를 프린트하여 벽을 꾸며 봅니다.

1 [상단 도구]의 [🖨 인쇄하기]를 클릭하여 디자인한 가랜드를 인쇄합니다. 그 다음은 아래의 그림을 참조하여 순서대로 가랜드를 완성하여 벽을 꾸며 봅니다.

– 인쇄하기 –

– 코팅하기 –

– 가위로 오리기 –

– 끈과 테이프 준비하기 –

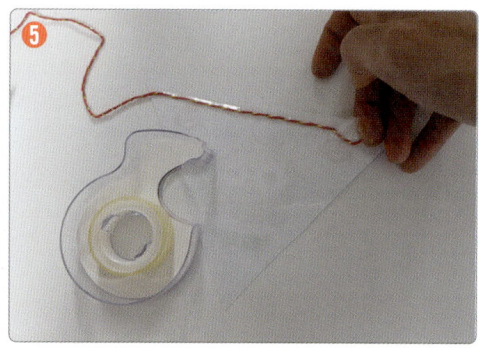
– 테이프로 끈 연결하기 –

– 가랜드 완성 모습 –

가랜드를 인쇄할 때, 두꺼운 용지로 인쇄하면 꼭 코팅을 하지 않아도 돼.

13 분위기 있는 가랜드 만들기

또 만들어 볼까?

▶ 예제 파일 : 13강_생일 축하 가랜드 만들기

1 '13강_생일 축하 가랜드 만들기' 파일을 불러와 도형에 다양한 색상을 적용해 봅니다.

2 [좌측 도구]의 [꺄 글자 꾸미기]를 이용하여 'BIRTHDAY'를 한 글자씩 입력한 후 인쇄하여 미니 가랜드를 만들어 봅니다.

14 감정을 나타내는 문패 만들기

나 '코콧'은 우울하거나 화날 때는 아무도 내 집에 안 왔으면 좋겠어!
뭐 기쁠 때는 언제든 환영이지만, 그래서 기분을 나타내는 문패를 만들려고 해!
너도 만들어 볼래?

학습목표

1. 도형으로 문패 틀 만들기
2. 문패 꾸미기
3. 문패 글 입력하기
4. 문패 만들기

별별 알아두면 스타

- 글상자는 글자 정렬 기능이 있어서 글자를 입력했을 때 정리된 모습을 보여줄 수 있어!

1 도형으로 문패 틀 만들기

[교육 활동] 대화 상자에서 새문서를 불러와 도형으로 문패 틀을 만들어 봅니다.

1 [별별 캐릭터 보물섬]을 실행하여 [교육 활동] 대화 상자가 열리면 [홈파티]-[문패 만들기]-[새문서]를 순서대로 클릭하여 '새문서'를 실행합니다.

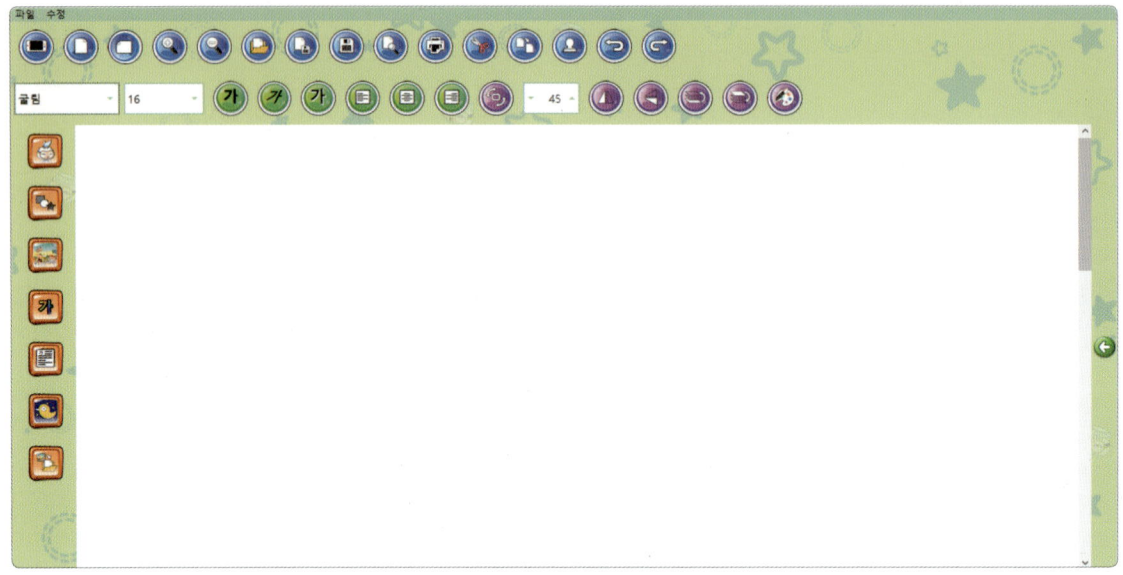

2 [좌측 도구]의 [도형]에서 '도형'을 클릭한 후 '둥근 사각형'을 선택하여 문패 틀 3개를 만들어 봅니다.

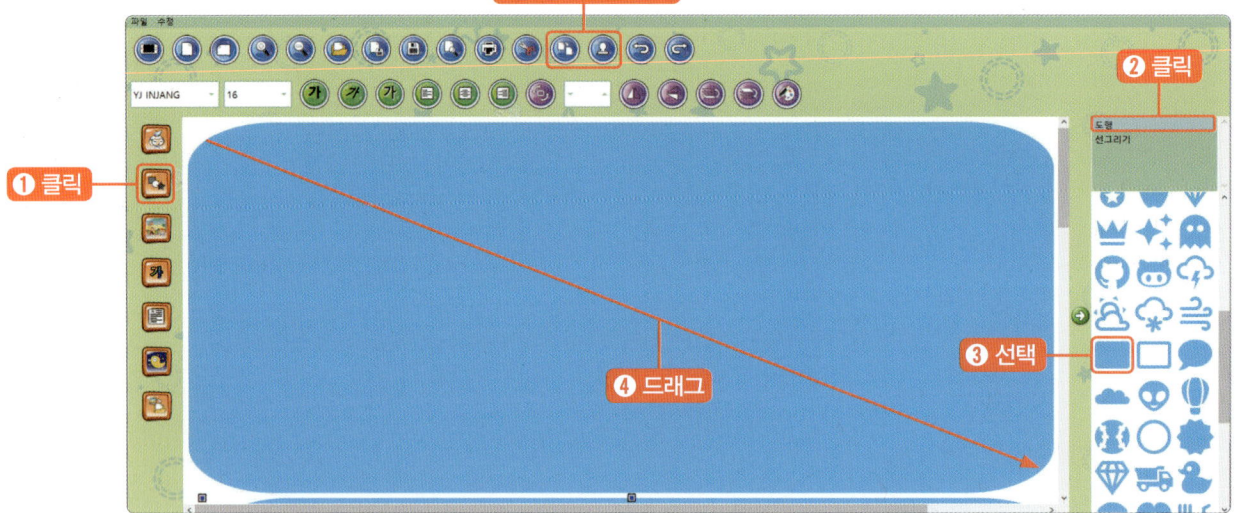

2 문패 꾸미기

도형과 캐릭터를 이용하여 문패를 꾸며 봅니다.

1 색상을 변경할 문패 틀을 선택한 후 [상단 도구]의 [도형 꾸미기]를 클릭하여 '색상'에서 문패 틀의 색상을 변경합니다.

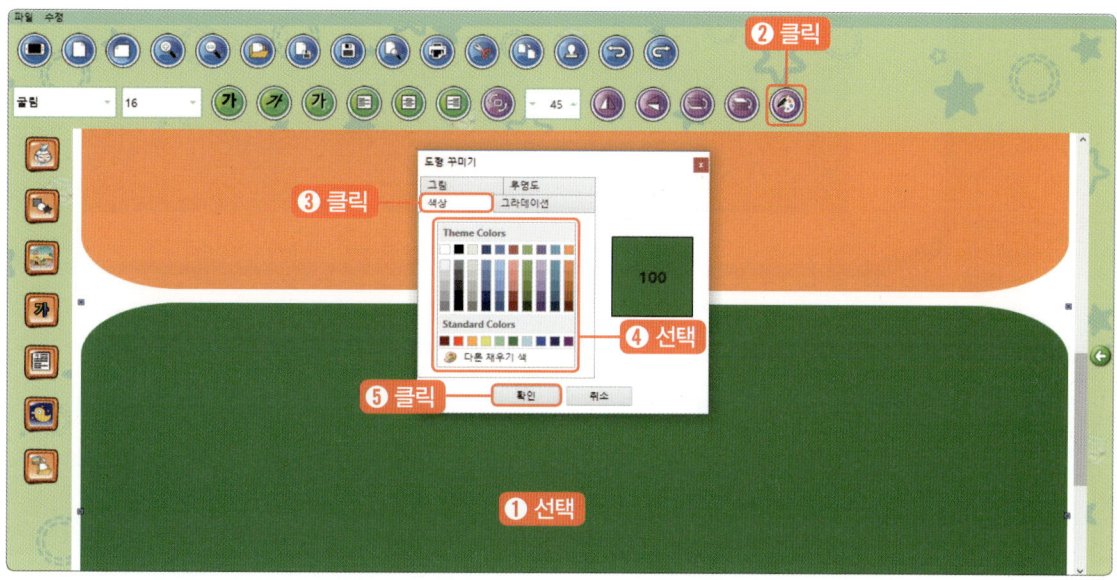

2 [좌측 도구]의 [도형]에서 '도형'을 클릭한 후 '둥근 사각형 틀'을 선택하여 문패의 '테두리'를 만들어 줍니다.

14 감정을 나타내는 문패 만들기 _ **147**

3 테두리 도형을 선택한 후 [상단 도구]의 [🎨 도형 꾸미기]를 클릭하여 테두리 도형의 색상을 변경합니다.

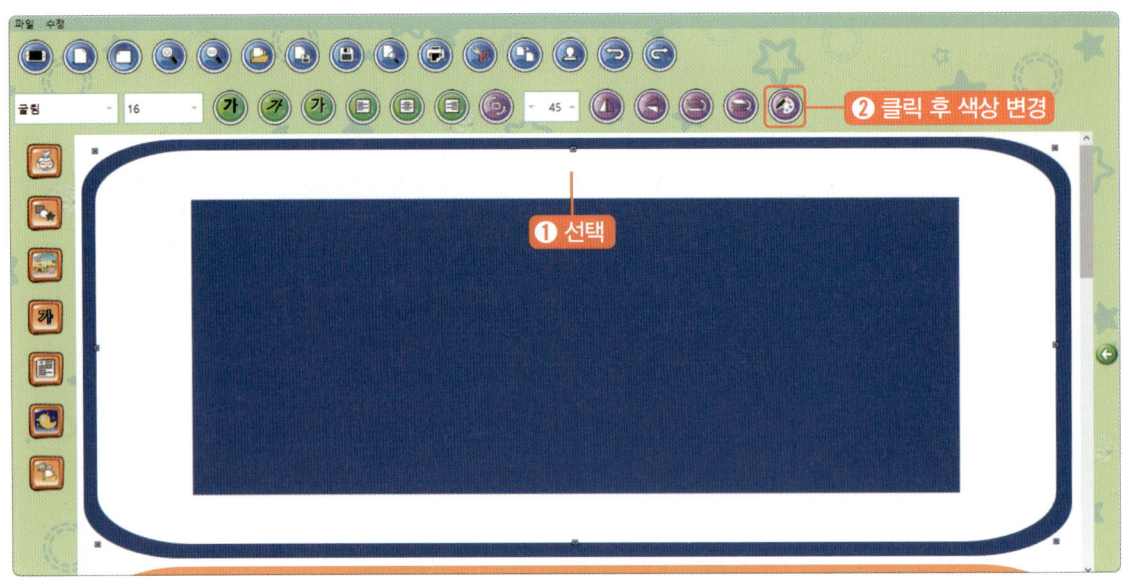

4 [좌측 도구]의 [🎨 민티 스타]에서 원하는 캐릭터를 불러와 문패를 꾸밉니다.

③ 문패 글 입력하기

글상자를 이용하여 개성 있는 문패 글을 입력해 봅니다.

1 [좌측 도구]의 [🖼 글상자]를 클릭하고 글을 입력할 위치에서 드래그 합니다.

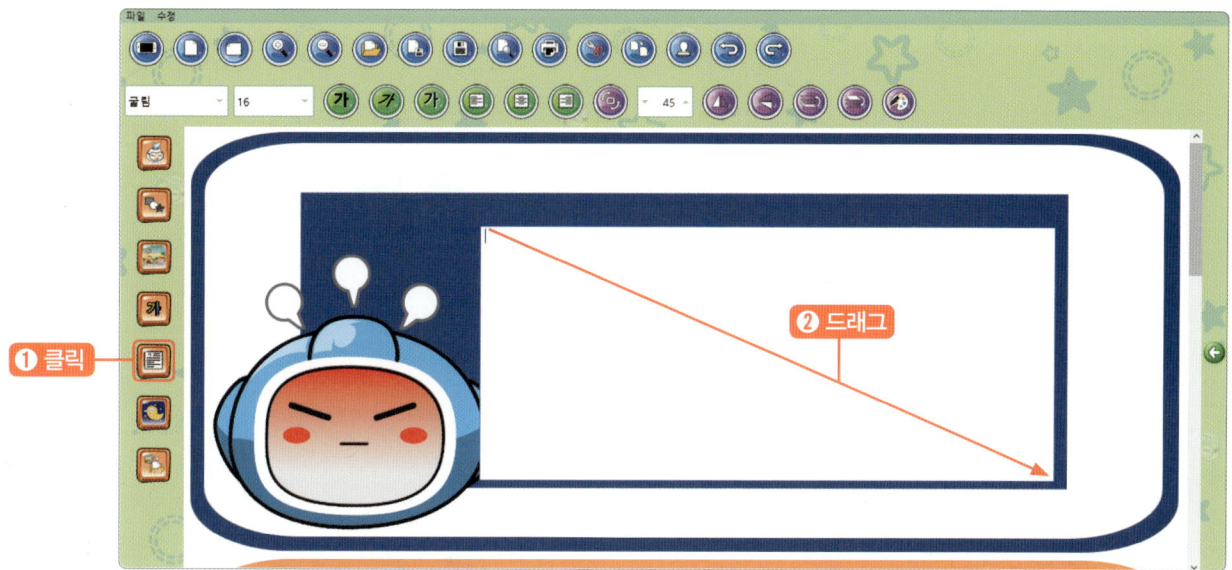

2 '나 화났어! 혼자 있고 싶어요!'라고 입력하고 [상단 도구]의 [🎨 도형 꾸미기]를 클릭하여 글자 색상을 변경한 후 '글자서식'을 이용하여 '글꼴'과 '크기'를 조절하고 [🔳 가운데 맞춤]을 클릭합니다.

3 첫 번째 문패에 입력된 '글상자'를 [상단 도구]의 [🗐 복사하기], [📋 붙여 넣기]를 클릭하여 복사한 후, 마우스 오른쪽 버튼을 클릭하여 '나 슬퍼요. 혼자 있을래요.'로 내용을 변경합니다.

4 두 번째 문패에 입력된 '글상자'를 [상단 도구]의 [🗐 복사하기], [📋 붙여 넣기]를 클릭하여 복사한 후, 마우스 오른쪽 버튼을 클릭하여 '나 행복해요. 어서 들어오세요.'로 내용을 변경합니다.

글자 색상을 문패에 어울리게 바꿔 봐.

 **문패 만들기**

디자인한 문패를 프린트하여 문에 걸어 봅니다.

1 [상단 도구]의 [인쇄하기]를 클릭하여 디자인한 문패를 인쇄합니다. 그 다음은 아래의 그림을 참조하여 순서대로 문패를 완성하여 문에 걸어 봅니다.

- 인쇄하기 -

- 코팅하기 -

- 가위로 오리기 -

- 순서대로 정리하기 -

- 펀치로 구멍 뚫기 -

- 군번줄 연결하기 -

- 문패 완성 -

문패를 만들 때 코팅을 해도 좋지만, 문패 뒷면에 하드보드지를 붙이면 완성도가 더 높아 보일거야.

또 만들어 볼까?

▶ 예제 파일 : 14강_주차 알림판 만들기

1 '14강_주차 알림판 만들기' 파일을 불러와 도형에 다양한 색상을 적용해 봅니다.

2 [좌측 도구]의 [도형]과 [글자 꾸미기]를 이용하여 주차 알림판을 꾸며 봅니다.

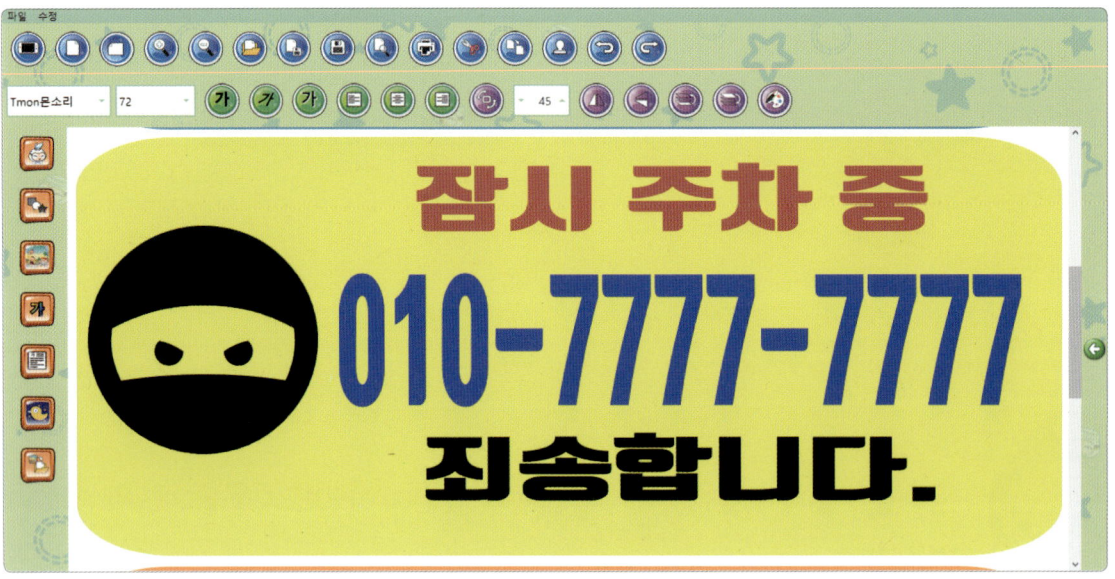

01 파티 미션 — 가훈 만들기

▶ 예제 파일 : 파티 미션_가훈 만들기   ▶ 완성 파일 : 파티 미션_가훈 만들기_완성

[좌측 도구]의 '민티 스타', '도형', '글자 꾸미기'와 [상단 도구]의 '도형 꾸미기'를 이용하여 가훈을 디자인해 봅니다.

1️⃣ '파티 미션 가훈 만들기' 파일을 불러와 [상단 도구]의 [🔵 도형 꾸미기]를 이용하여 '그림' 항목에서 배경 그림을 채운 뒤 투명도를 조절하여 배경을 흐리게 표현해 봅니다.

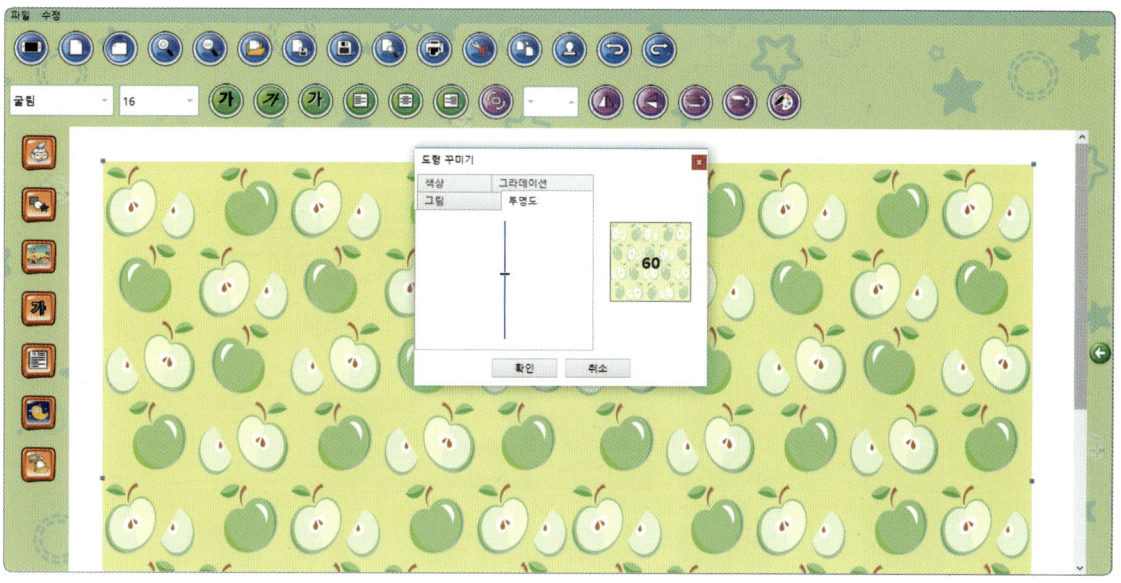

2️⃣ [좌측 도구]의 [🔵 별별 캐릭터]에서 '액자'를 선택하고 어울리는 액자를 하나 불러와 크기를 조절합니다.

3 [좌측 도구]의 [⑪ 글자 꾸미기]를 클릭하여 '가훈'을 입력한 후 괄호 안에 있는 가훈은 키보드에서 '한자' 키를 눌러 '家訓'으로 변경합니다. 이어서 [⑪ 글자 꾸미기]를 한 번 더 클릭하여 가훈 내용인 '사랑으로 화목한 가정'을 입력하고 색상을 변경해 봅니다.

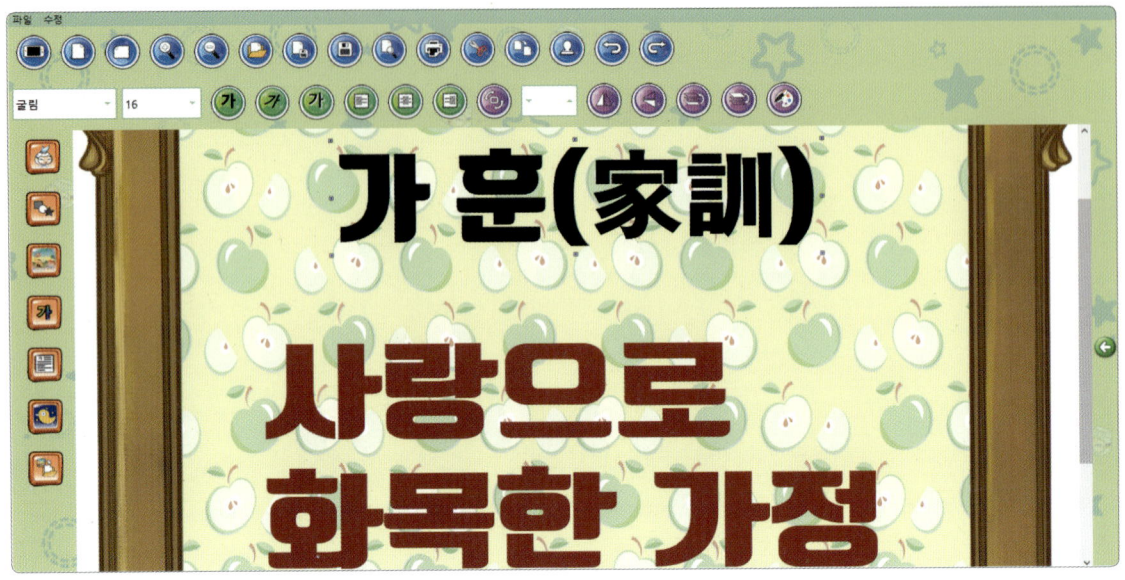

4 가훈이 돋보이도록 하기 위해 [좌측 도구]의 [🔲 도형]에서 '선'을 선택하여 밑줄을 만들어 봅니다.

선을 그린 후 마우스 오른쪽 버튼을 클릭하면 선의 굵기와 색상을 변경할 수 있어!

5 [상단 도구]의 [🖨 인쇄하기]를 클릭하여 디자인한 가훈을 인쇄합니다. 그 다음은 아래의 그림을 참조하여 순서대로 가훈을 만들어 벽에 걸어 봅니다.

- 인쇄하기 -

- 코팅하기 -

- 가위로 오리기 -

- 펀치로 구멍 뚫기 -

- 군번줄 연결하기 -

- 가훈 완성 -

디자인한 가훈을 프린트한 후 코딩하지 않고, 액자에 끼워서 사용하면 더욱 멋진 가훈이 될 거야.

내 손에 작은
미니 앨범 만들기

나 '퀴퀴'는 내 친구 강아지와의 추억을 간직하기 위해
조그마한 앨범을 만들기로 했어!
사진을 정리해야 하는데 좀 도와줄래?

학습목표

1. 인터넷을 통해 사진 다운받기
2. 표지 사진 투명도 조절하기
3. 앨범 제목 입력하기
4. 미니 앨범 만들기

별별 알아두면 스타

- 사진도 도형처럼 회전을 시킬 수 있다는 걸 기억해!

1 인터넷을 통해 사진 다운받기

인터넷을 통해 원하는 사진을 검색하고 다운받습니다.

1 [별별 캐릭터 보물섬]을 실행하여 [교육 활동] 대화 상자가 나타나면 [홈파티]-[미니 앨범 만들기]-[중간 파일]을 순서대로 클릭하여 파일을 불러옵니다.

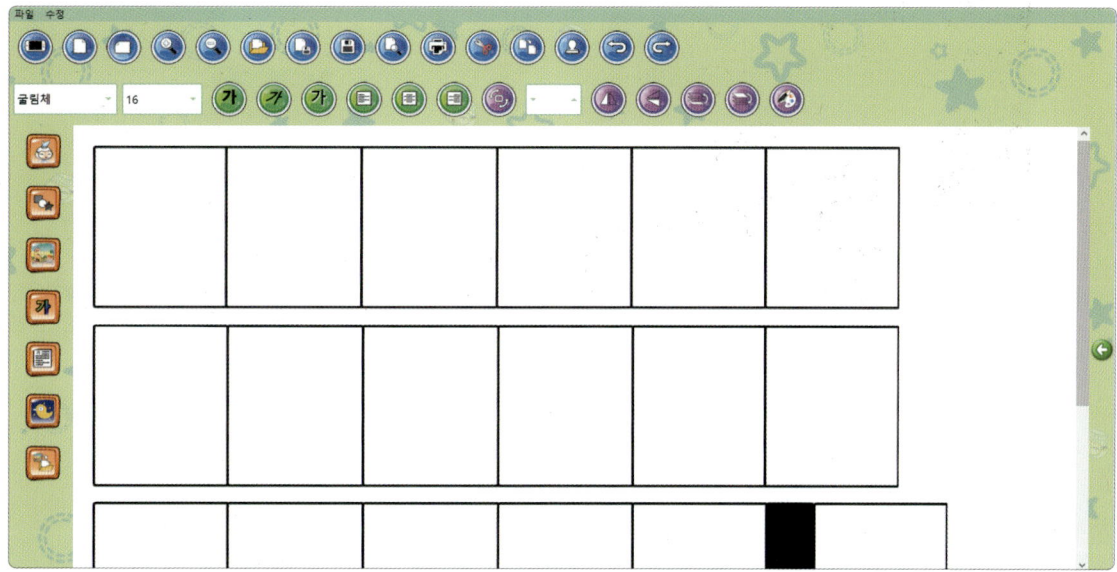

2 인터넷 아이콘을 더블 클릭하여 인터넷 창을 실행합니다. 인터넷 창이 열리면 '강아지'를 검색한 후 '카테고리' 중 '이미지'를 클릭합니다.

3 원하는 이미지를 선택한 후 마우스 오른쪽 버튼을 클릭하여 '다른 이름으로 사진 저장'을 클릭합니다. [다른 이름으로 사진 저장] 대화 상자가 열리면 원하는 위치에 파일을 저장합니다.

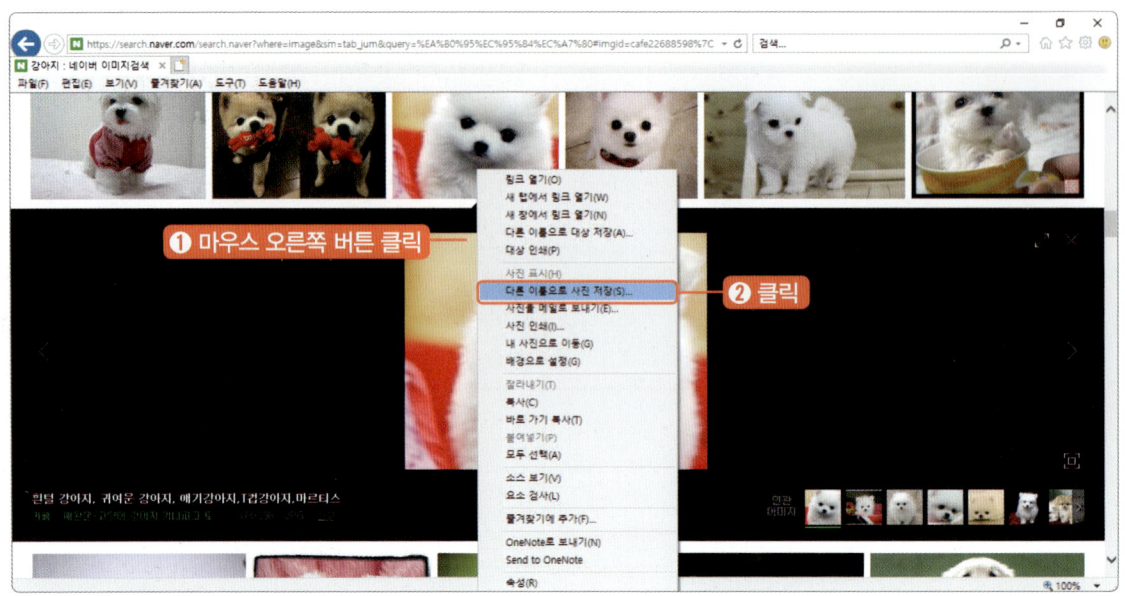

4 [좌측 도구]의 [이미지 불러오기]를 클릭하고 미니 앨범 틀에 맞춰 다운로드한 이미지를 불러옵니다.

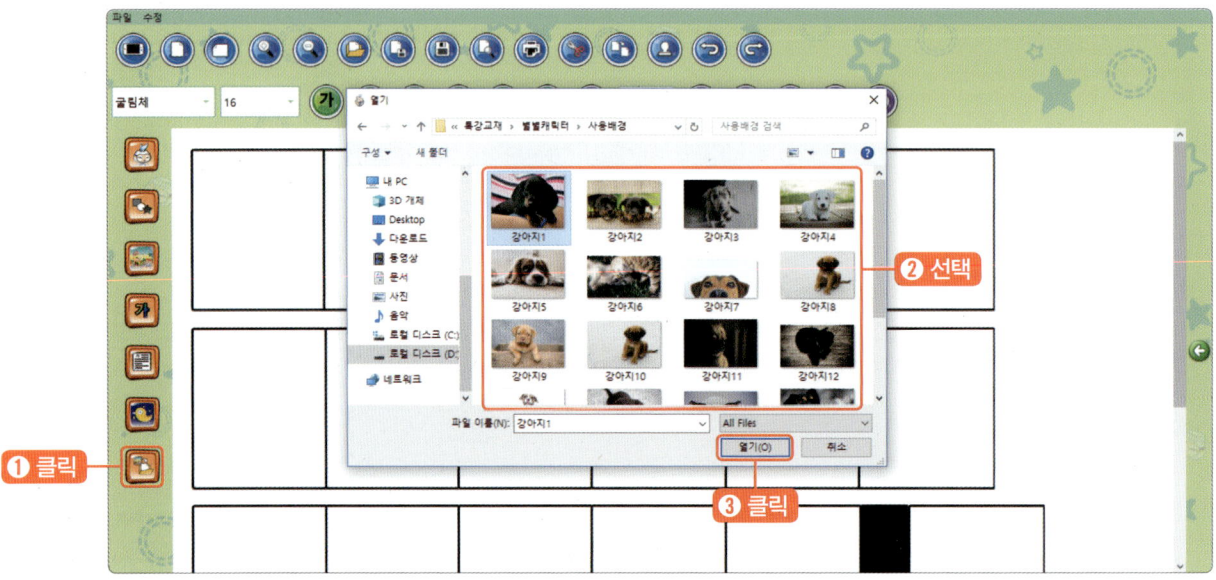

5　틀에 맞춰 불러온 이미지의 크기를 조절합니다.

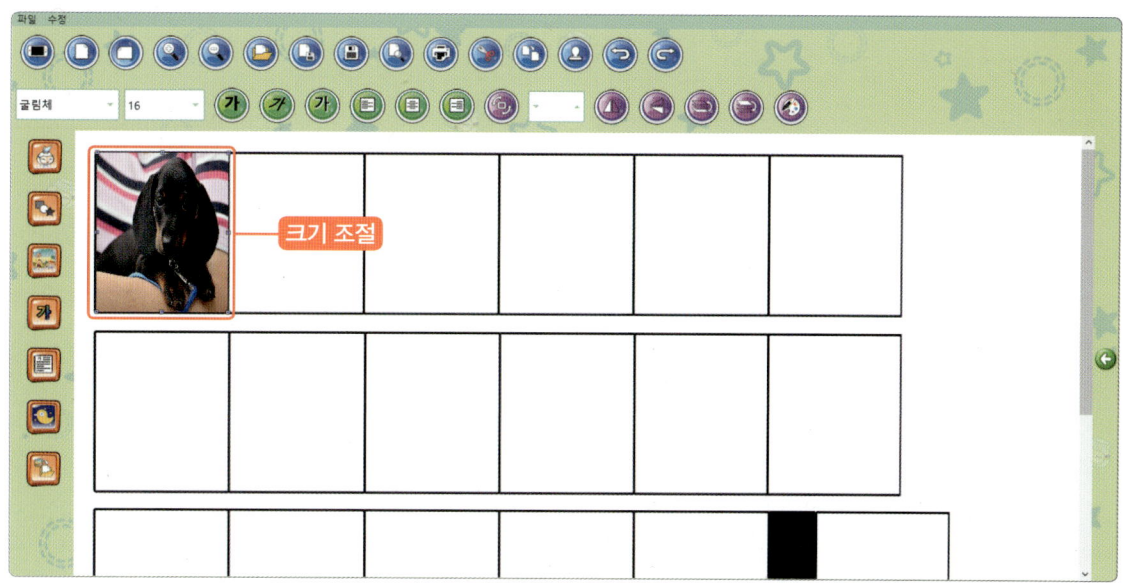

6　[좌측 도구]의 [　이미지 불러오기]를 클릭하여 두 번째 사진을 불러옵니다. 가로 사진을 액자 틀에 넣을 때 이미지가 깨지지 않도록 [상단 도구]의 [　회전하기]를 이용하여 사진을 회전시킨 뒤 크기를 조절합니다.

7　다른 사진들도 위와 같은 방법으로 크기를 조절하여 액자 틀에 붙여 넣습니다.

 ## 표지 사진 투명도 조절하기

표지에 앨범 제목을 넣기 위해 표지 사진의 밝기를 조절합니다.

1 표지 사진을 선택한 후 마우스 오른쪽 버튼을 클릭하여 [투명도 조정] 대화 상자를 띄웁니다.

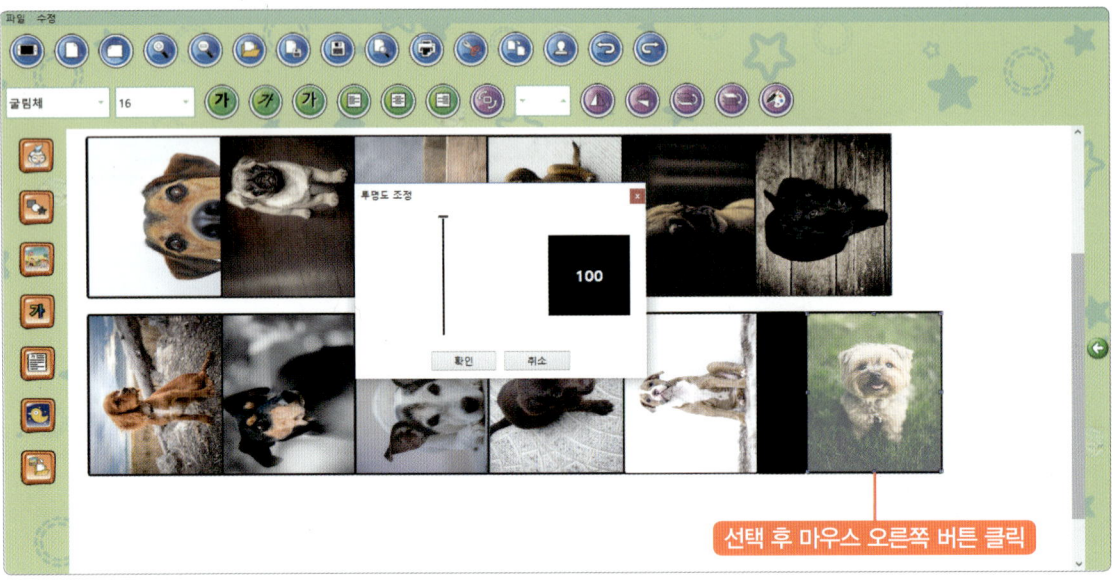

2 [투명도 조정] 대화 상자가 열리면 투명도를 조정합니다.

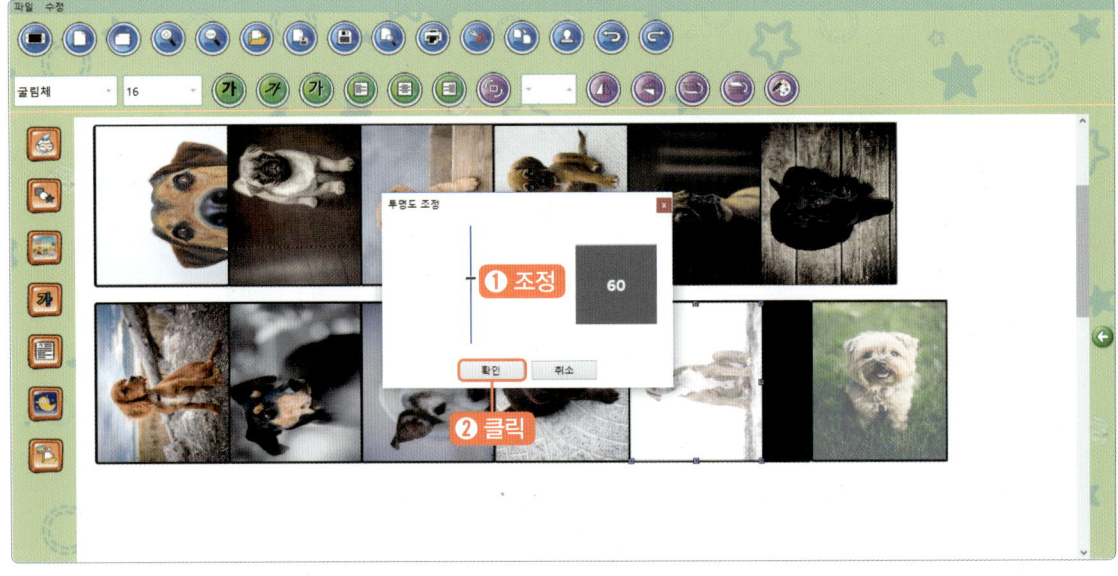

3 앨범 제목 입력하기

글자 꾸미기를 이용하여 표지에 제목을 입력해 봅니다.

1 [좌측 도구]의 [글자 꾸미기]를 클릭한 후 '미니 앨범'을 입력하고, 글자 색을 검은색 배경에 어울릴 만한 색상으로 변경합니다.

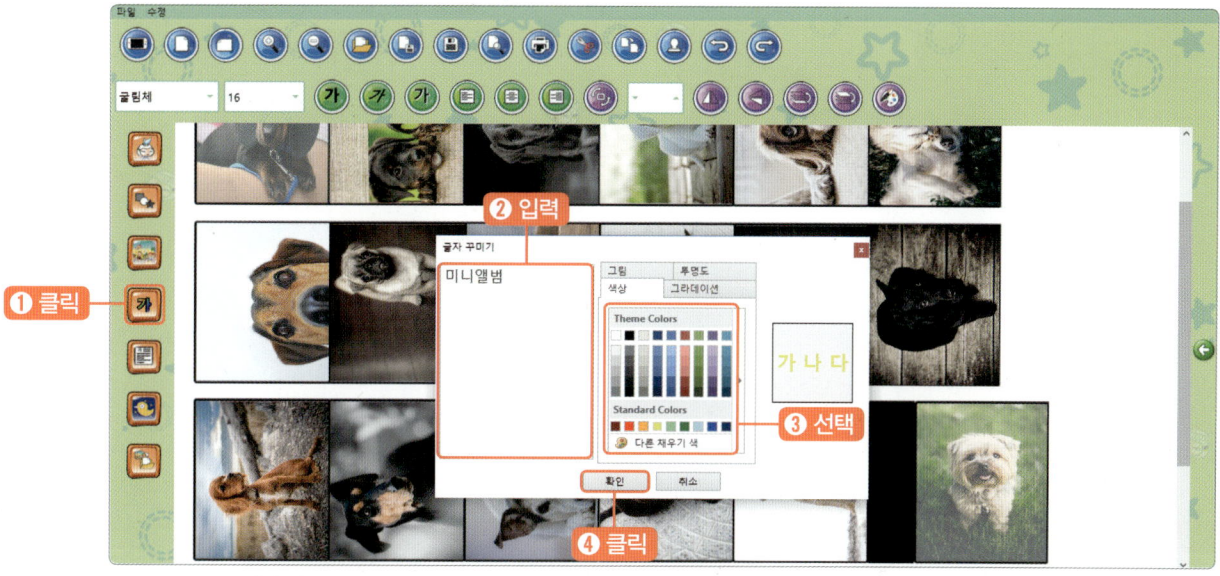

2 제목의 크기를 조절하여 앨범의 제목 위치로 드래그합니다.

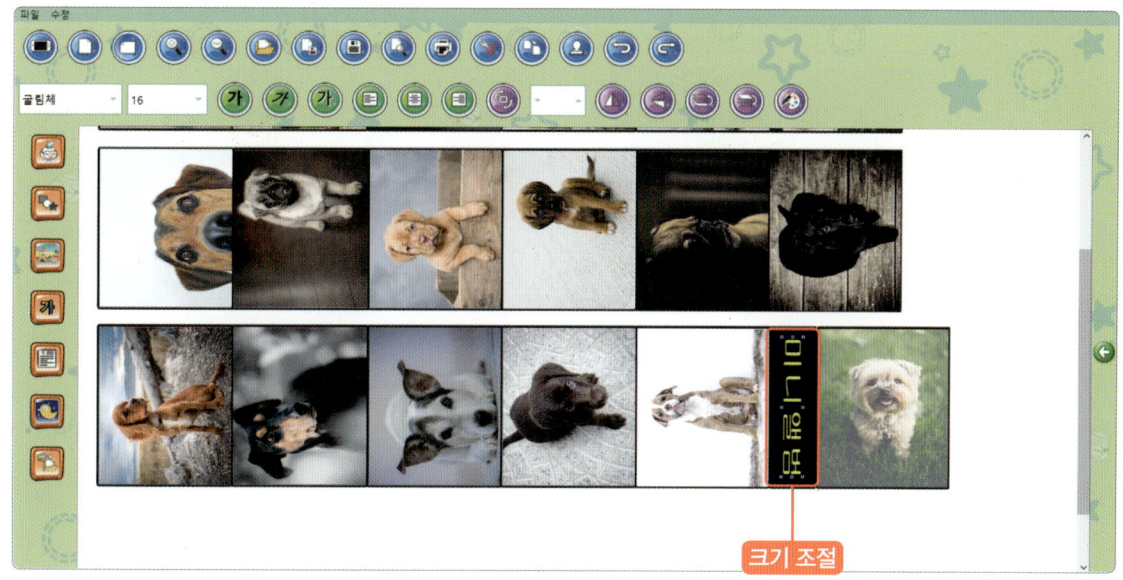

3 [좌측 도구]의 [🎨 글자 꾸미기]를 클릭하여 이름을 입력하고 크기를 조절한 후 앨범의 표지로 드래그합니다.

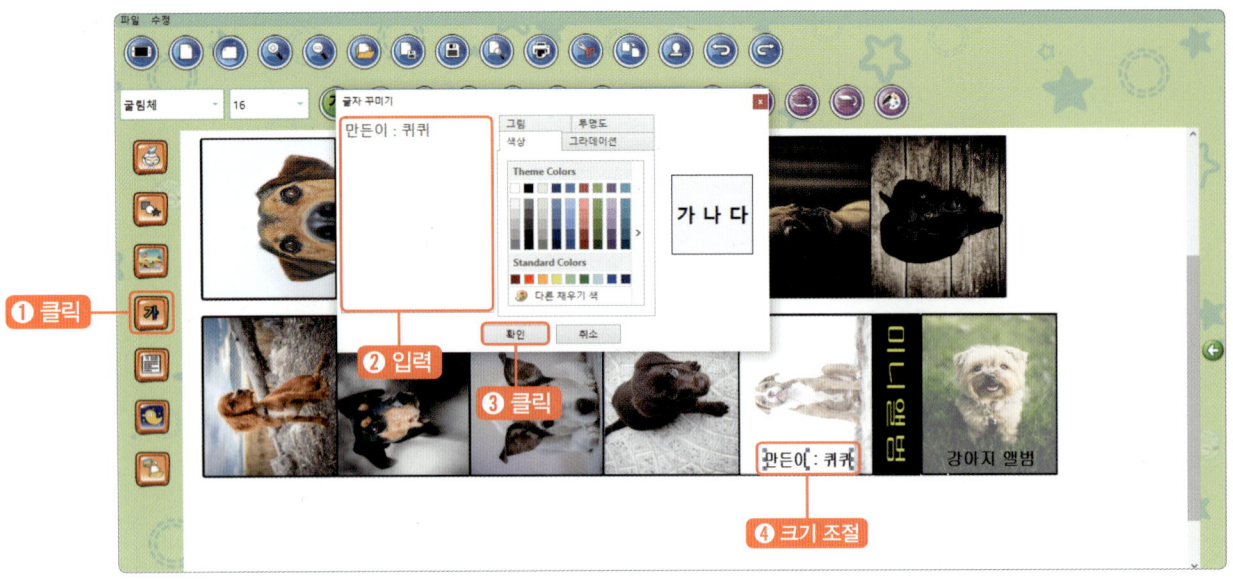

4 앨범 제목을 선택한 후 [상단 도구]의 '글자 서식'에서 '글꼴'을 변경합니다.

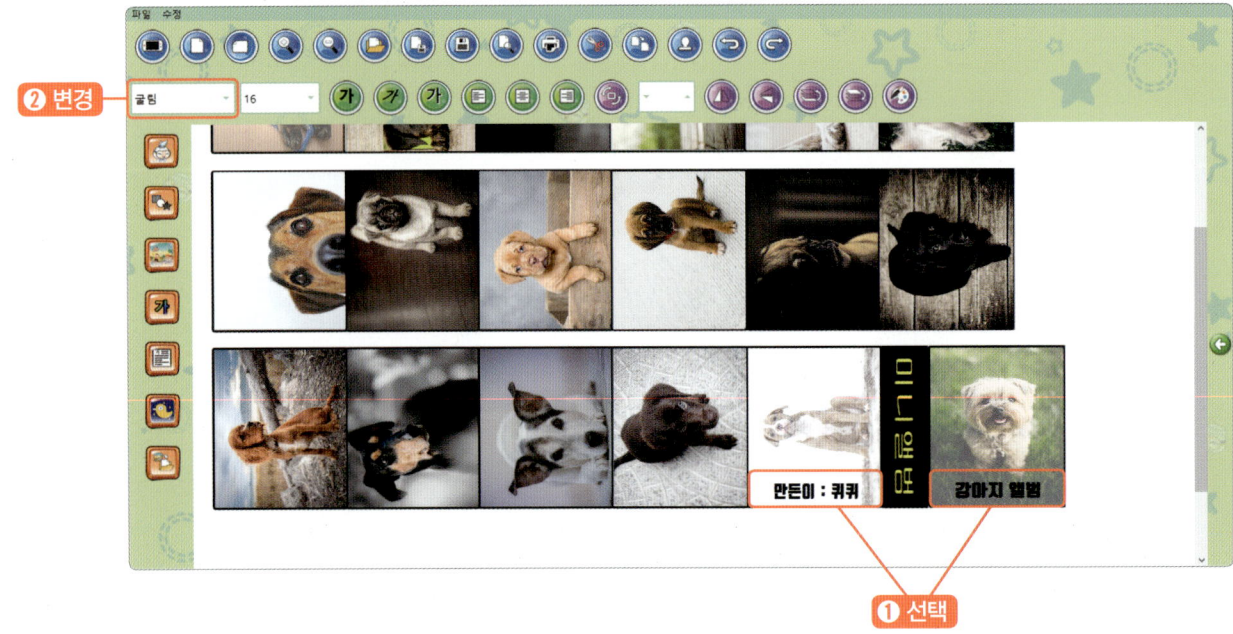

 **미니 앨범 만들기**

디자인한 미니 앨범 틀을 프린트하여 미니 앨범으로 만들어 봅니다.

1 [상단 도구]의 [🖨 인쇄하기]를 클릭하여 디자인한 미니 앨범을 인쇄합니다. 그 다음은 아래의 그림을 참조하여 순서대로 미니 앨범을 완성합니다.

– 라벨지로 인쇄하기 –

– 코팅하기 –

– 가위로 오리기 –

– 첫 번째 그룹 지그재그로 접기 –

– 두 번째 그룹 지그재그로 접기 –

– 앨범 제목이 밖으로 나오게 접기 –

– 첫 번째 그룹 두 번째과 그룹 붙이기 –

– 두 번째 그룹과 세 번째 그룹 붙이기 –

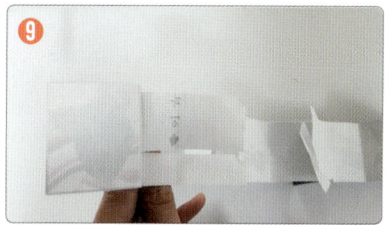
– 접착 부분 종이를 제거하기 –

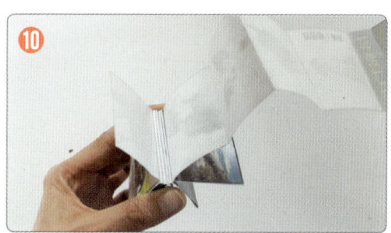
– 접힌 대로 붙이기 –

– 겉지는 한 바퀴 돌리며 붙이기 –

– 미니 앨범 완성 –

 미니 앨범을 오리기 전에 반코팅을 하면 오래 감상할 수 있는 앨범이 될 거야. 그리고 앨범을 붙일 때는 스티커 종이를 전부 제거하지 말고 붙이는 부분만 스티커 종이를 제거하면서 붙이는 게 좋아!

또 만들어 볼까?

▶ 예제 파일 : 15강_앨범 상자 만들기

1 '15강_앨범 상자 만들기' 파일을 불러와 [좌측 도구]의 [　 이미지 불러오기]와 [상단 도구]의 [　 도형 꾸미기]를 이용하여 상자를 꾸며 봅니다.

2 앨범 상자를 프린트하여 상자를 완성해 봅니다.

16 은은한 조명 만들기

나 '데비'는 악마지만 어두운 게 너무 싫어!
그래서 조명을 항상 켜놓는데, 맨날 같은 조명의 무늬만 보니까 바꾸고 싶어!
우리 같이 조명에 쓰일 무늬를 만들어 볼래?

학습목표

1. 도형으로 조명 틀 만들기
2. 캐릭터로 조명 무늬 만들기
3. 조명 갓 만들기

별별 알아두면 스타

- [Ctrl] 키를 누르고 개체를 선택하면 여러 개의 개체를 선택할 수 있어! 그럼 캐릭터를 한 번에 복제할 수 있어!

1 도형으로 조명 틀 만들기

[교육 활동] 대화 상자에서 새문서를 불러와 도형으로 조명 틀을 만들어 봅니다.

1 [별별 캐릭터 보물섬]을 실행하여 [교육 활동] 대화 상자가 나타나면 [홈파티]-[조명 만들기]-[새문서]를 순서대로 클릭하여 '새문서'를 실행합니다.

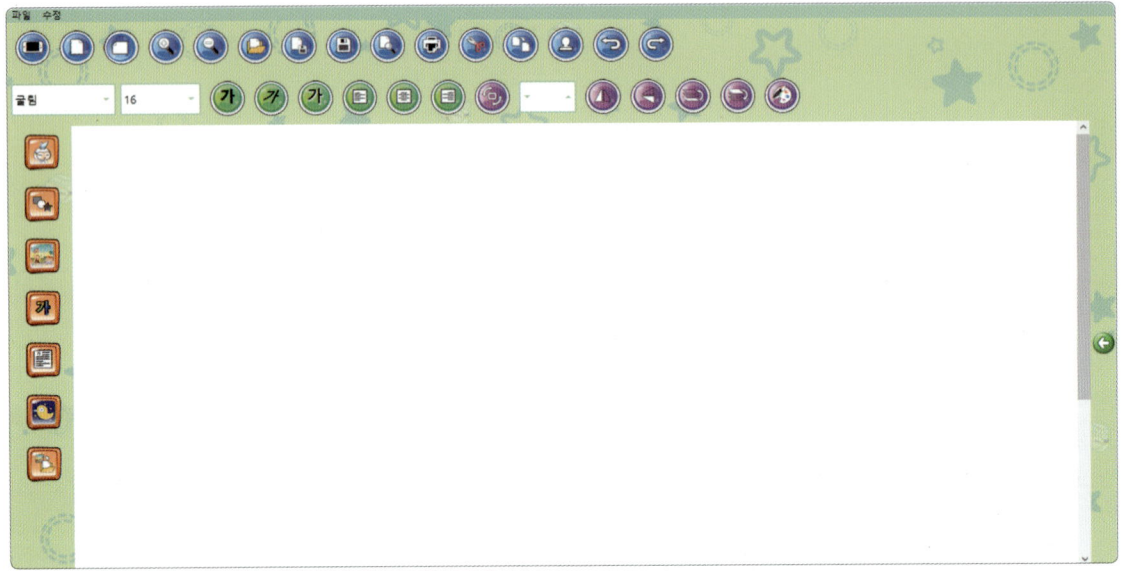

2 [좌측 도구]의 [도형]에서 '도형'을 선택합니다. '사각형'을 불러와 용지 가득 차도록 크기를 조절한 후 [상단 도구]의 [도형 꾸미기]에서 색상을 변경합니다.

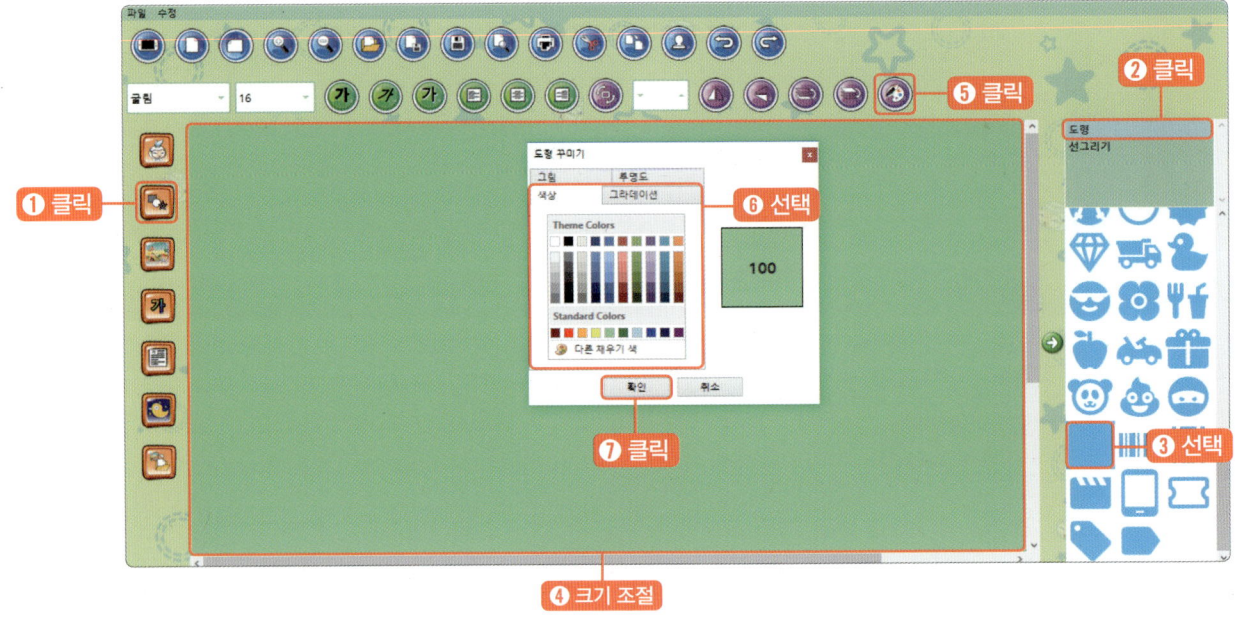

2 캐릭터로 조명 무늬 만들기

캐릭터의 간격을 조절하며 조명의 무늬를 완성해 봅니다.

1 [좌측 도구]의 [민티 스타]를 클릭한 후 원하는 캐릭터를 불러와 캐릭터의 크기를 조절합니다.

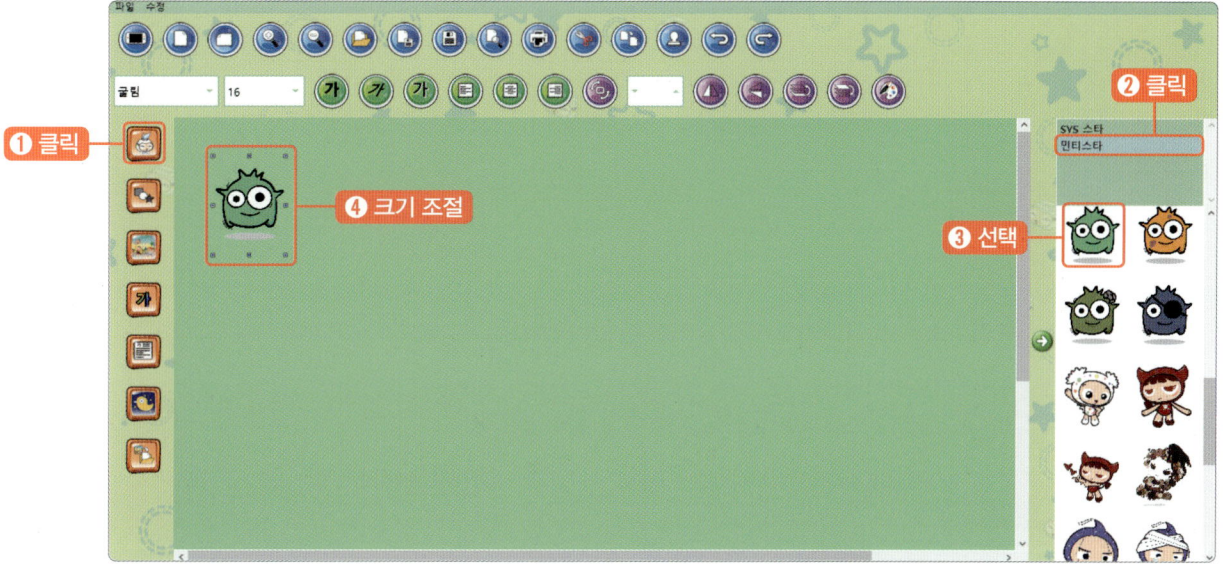

2 [상단 도구]의 [복사하기], [붙여 넣기]를 순서대로 클릭하여 간격을 띄우며 붙여 넣습니다.

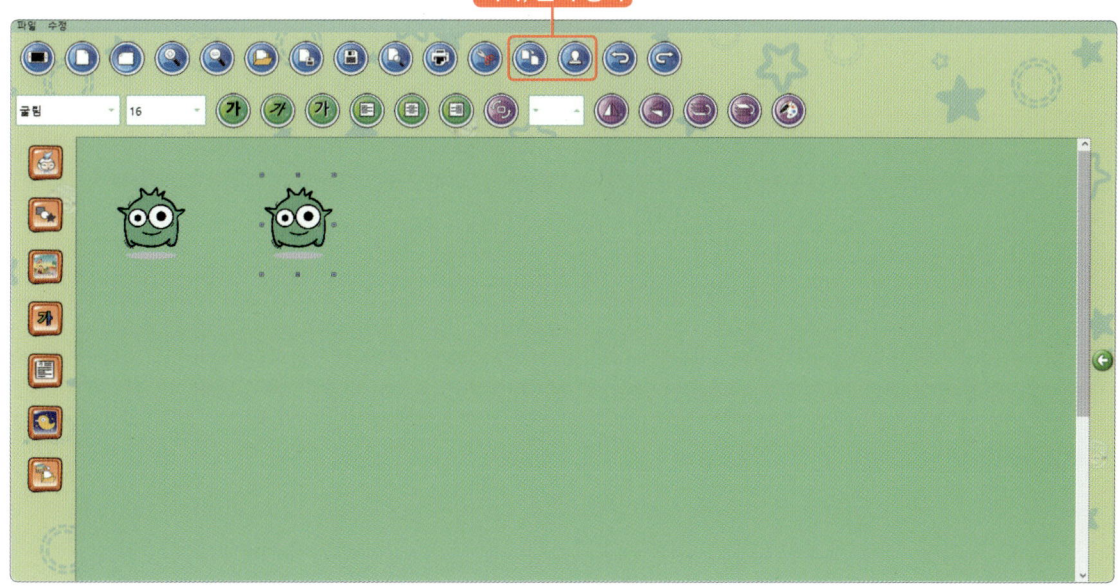

3 두 번째 줄에 캐릭터를 붙여 넣을 때는 첫 번째 줄 캐릭터 사이에 붙여 넣습니다.

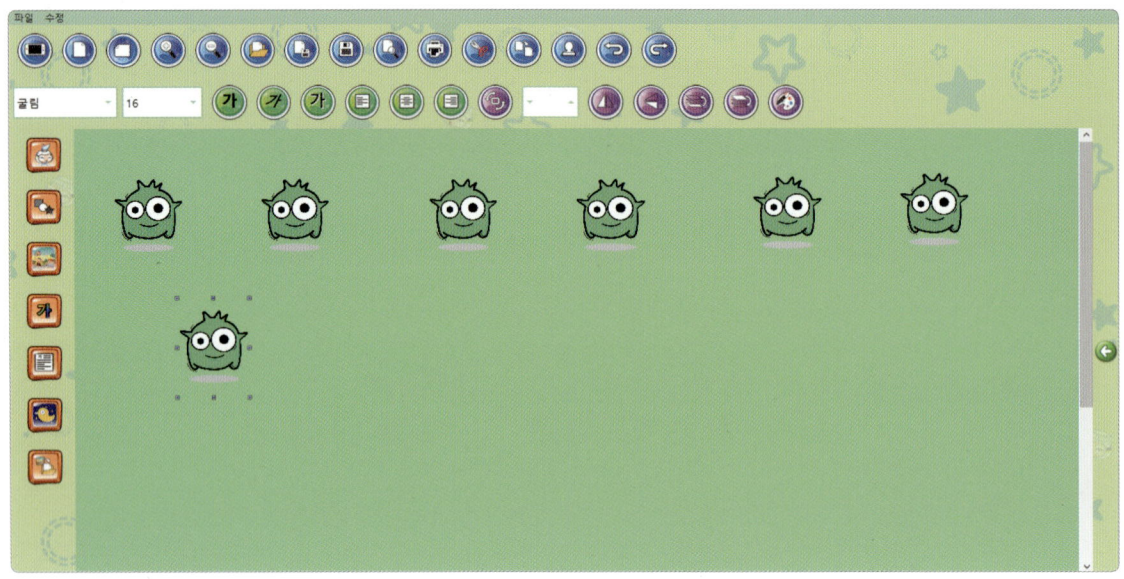

4 캐릭터의 간격을 유지하며 화면 가득 붙여 넣습니다.

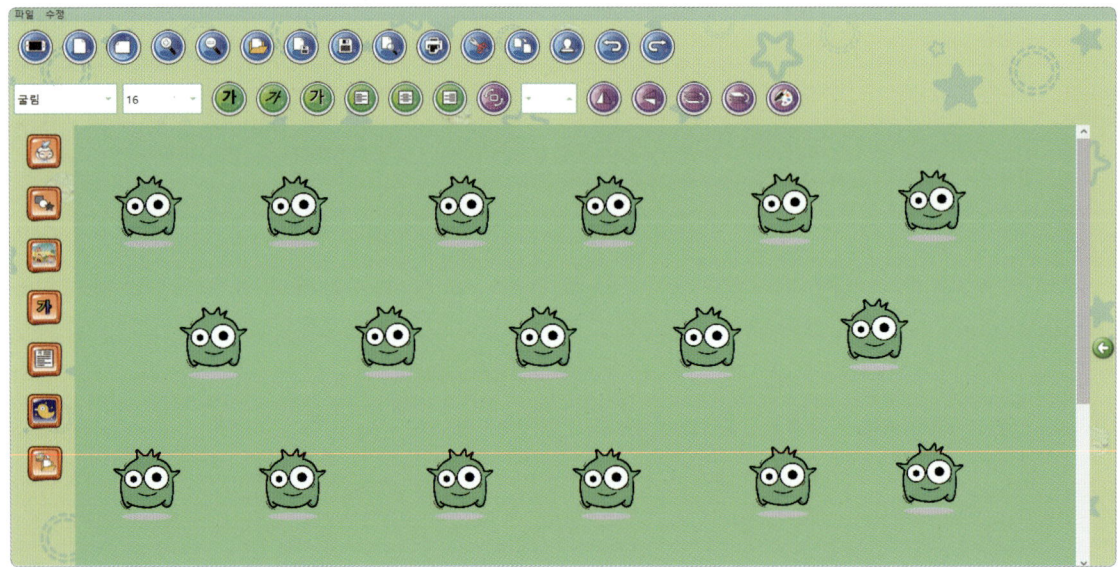

5 [좌측 도구]의 [별별 캐릭터]를 클릭하고 '글자'를 선택합니다. 원하는 글자를 불러와 크기를 조절하고 캐릭터 위쪽으로 위치를 드래그합니다.

6 같은 글자를 각 캐릭터 위에 전부 붙여 넣습니다.

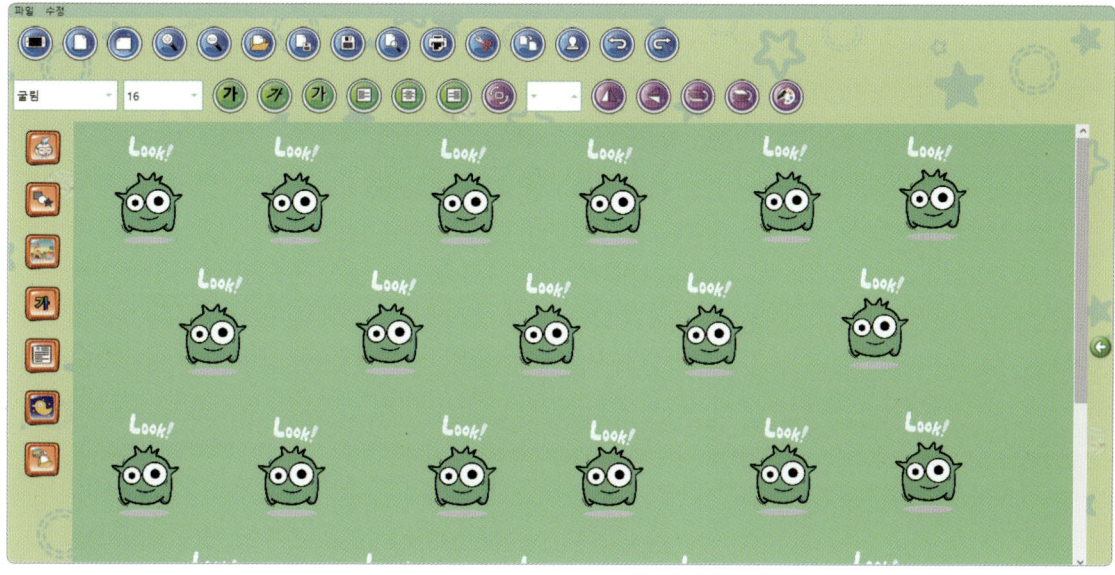

3 조명 갓 만들기

디자인한 조명 무늬를 프린트한 후 조명 갓으로 접어 봅니다.

1 [상단 도구]의 [🖨 인쇄하기]를 클릭하여 디자인한 조명 무늬를 인쇄합니다. 그 다음은 아래의 그림을 참조하여 순서대로 조명 갓을 접어 봅니다.

- 조명 무늬 3장 인쇄하기 -

- 코팅하기 -

- 가위로 오리기 -

- 한 장은 양쪽 테두리 남기기 -

- 양쪽 테두리에 풀칠하기 -

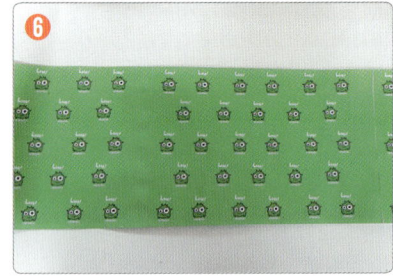
- 세장 이어 붙이기 -

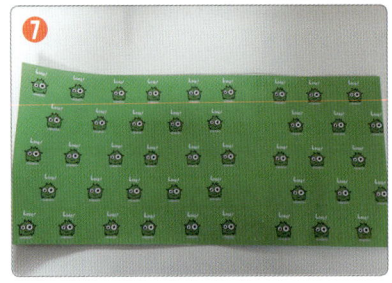
- 반으로 접기 -

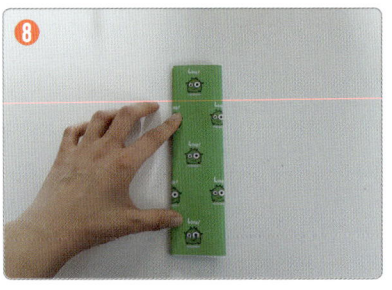
- 3번 더 반으로 접기 -

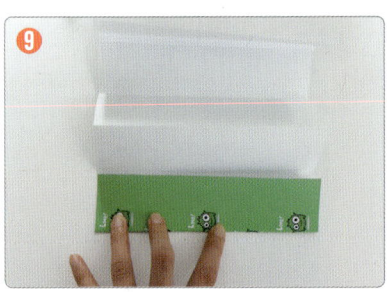
- 다시 펴서 첫 번째 칸 뒤로 접기 -

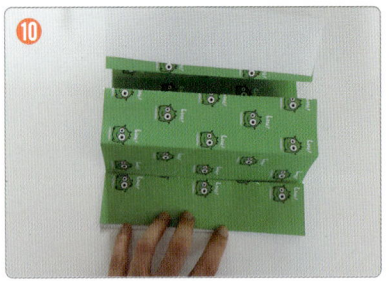
- 두 번째 칸은 반대쪽으로 뒤집어 접기 -

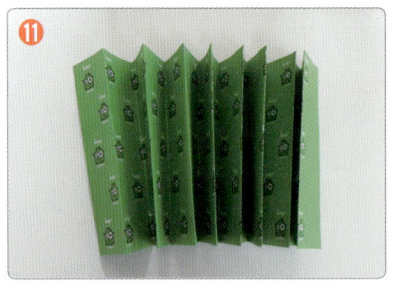
- 전체 앞, 뒤로 접기 -

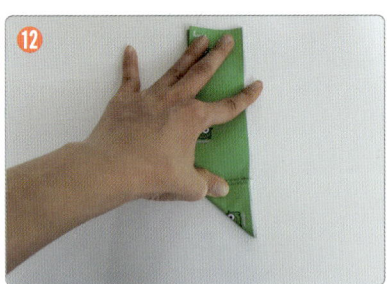
- 아래쪽을 삼각형으로 접기 -

- 삼각형은 무늬 쪽에서 접기 -

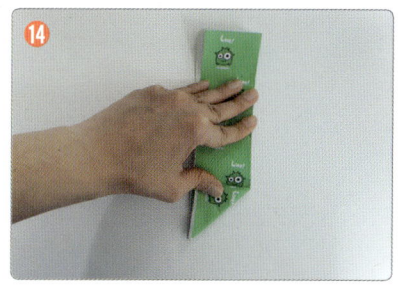
- 뒤집어 반대쪽으로도 접기 -

- 삼각형을 무늬 쪽에서 접기 -

- 뒤집어 반대쪽으로 접기 -

- 아래쪽을 삼각형으로 밀어 넣어 접기 -

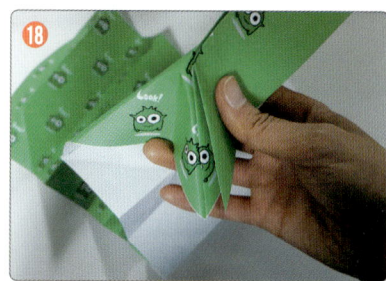
- 이어서 두 번째도 밀어넣어 접기 -

- 아래쪽 전체를 밀어 넣어 접기 -

- 다시 펴서 반대 방향으로 접기 -

- 반대로 접기 -

- 안쪽으로 밀어 넣으며 접기 -

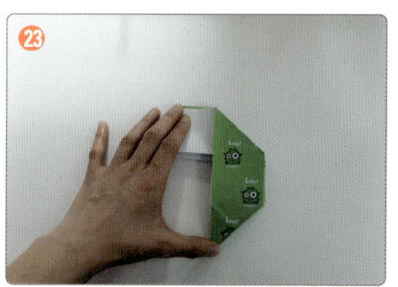
- 다 접은 모습 -

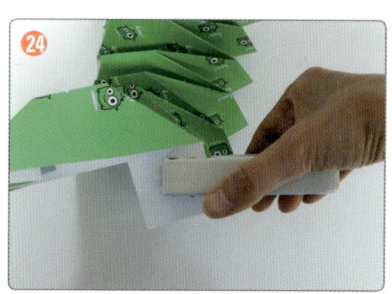
- 조명 갓 위쪽 펀치 뚫기 -

- 풀칠하기 -

- 처음과 끝 붙이기 -

- 구멍에 실 끼우기 -

  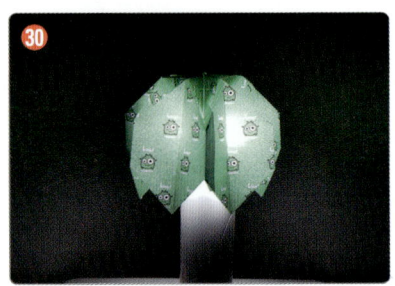

- 끈 묶기 -   - 조명 갓 아래쪽 모습 -   - 조명 갓 완성 -

조명 틀은 얇은 용지로 인쇄하는 게 좋아! 그래야 빛이 투과가 잘 되거든!

또 만들어 볼까?

▶ 예제 파일 : 16강_3단 색상 조명 만들기

1 '16강_3단 색상 조명 만들기' 파일을 불러와 [상단 도구]의 [🔮 도형 꾸미기]나 [좌측 도구]의 [🌟 민티 스타]와 [🌙 별별 캐릭터]를 이용하여 그림을 꾸며 봅니다.

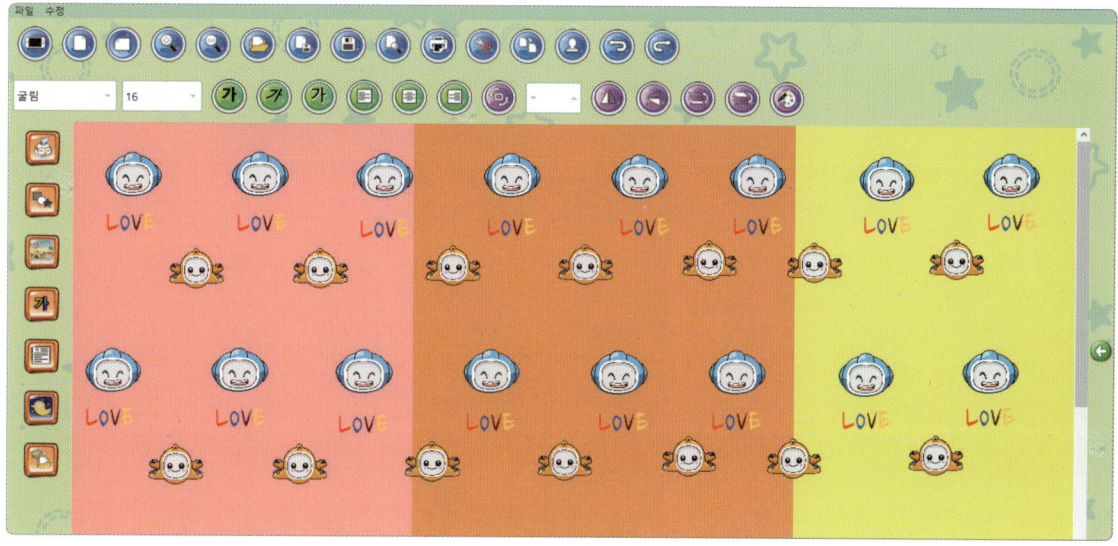

2 완성된 무늬를 인쇄하여 조명 갓으로 접어 봅니다.

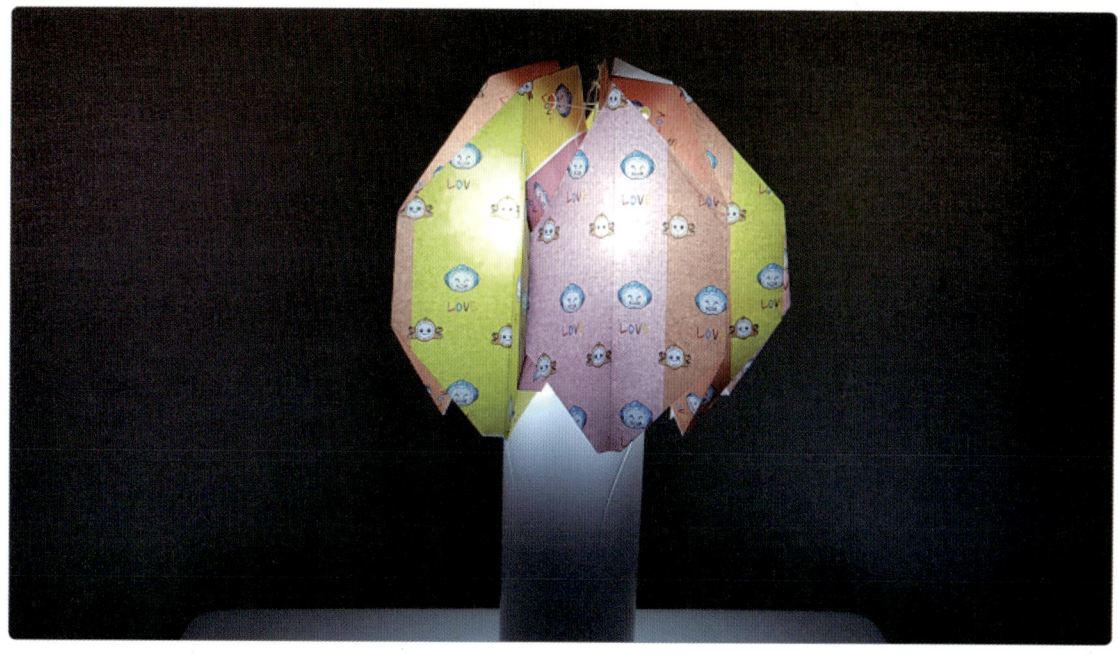

02 파티 미션 사진 액자 만들기

▶ 예제 파일 : 파티 미션_사진 액자 만들기 ▶ 완성 파일 : 파티 미션_사진 액자 만들기_완성

[좌측 도구]의 '민티 스타', '글자 꾸미기', '이미지 불러오기'를 이용하여 사진 액자를 디자인해 봅니다.

1 인터넷을 통해 액자로 만들 이미지를 다운 받은 후 [좌측 도구]의 [🖼️ 이미지 불러오기]를 클릭하여 이미지를 불러옵니다. 틀에 맞춰 불러온 사진의 크기를 조절합니다.

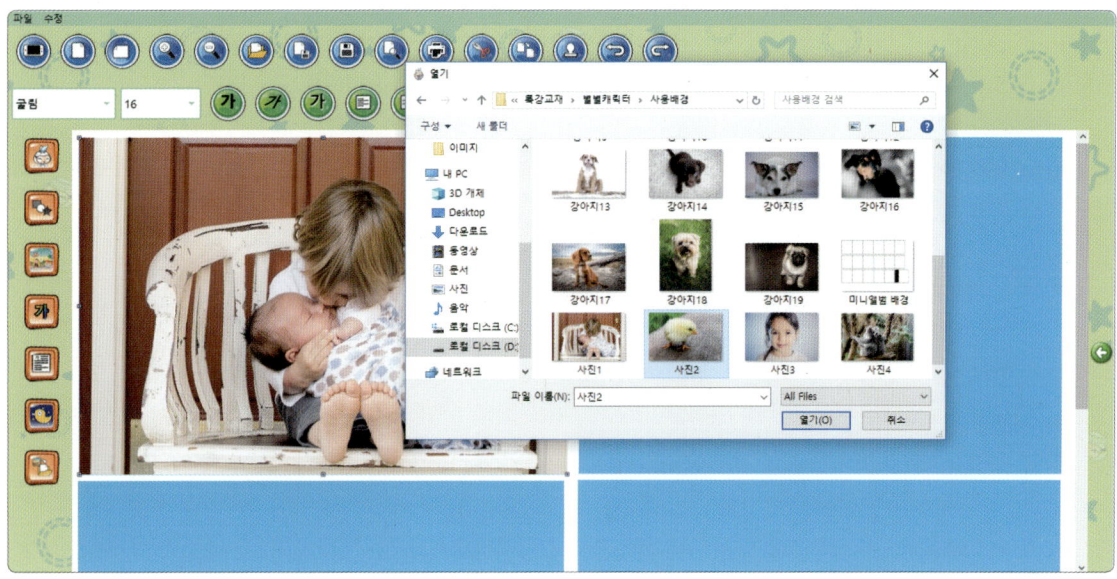

2 [좌측 도구]의 [🐠 별별 캐릭터]에서 '액자'를 선택합니다. 원하는 액자를 불러와 사진을 꾸며 봅니다.

3 [좌측 도구]의 [민티 스타]를 클릭하여 액자에 캐릭터를 추가해 봅니다.

4 [좌측 도구]의 [글자 꾸미기]를 이용하여 액자에 타이틀을 입력합니다.

5 [상단 도구]의 [🖨 인쇄하기]를 클릭하여 액자 디자인을 인쇄합니다. 그 다음은 아래의 그림을 참조하여 순서대로 액자를 제작합니다.

- 인쇄하기 -

- 코팅하기 -

- 가위로 오리기 -

- 순서대로 놓기 -

- 구멍 뚫기 -

- 구멍 확인 -

- 액자 고리로 연결하기 -

- 액자 완성 -

디자인한 액자를 실제 액자로 만들 때, 코팅한 프린트 용지 뒷면에 하드 보드지를 붙이면 튼튼한 액자를 만들 수 있어!

초등 전과목
디지털학습 플랫폼

디지털 초끄

첫 달 100원
무제한 스터디밍

지금 신규 가입하면
첫 달 ~~9,500원~~ → 100원!

초등 전과목
교과 학습

AI 문해력
강화 솔루션

AI 수학 실력
향상 프로그램

웹툰으로 만나는
학습 만화

초중고 교과서 발행 부수 1위 기업 MiraeN